Mit Ausflügen rund um
MÜNCHEN
Stadtführer spezial

W0188535

DIE AUTORINNEN

Marlis Kappelhoff: Nach dem Studium der Publizistik und der Ausbildung zur Fotojournalistin folgten längere Auslandsaufenthalte und die Tätigkeit als Redakteurin bei einer Lokalzeitung im Rheinland. Danach kehrte Marlis Kappelhoff in ihre Wahlheimat München zurück, wo sie zuerst im Pressereferat des Goethe-Instituts arbeitete, bevor sie als Lektorin in einem Reisebuchverlag anfing. Heute ist sie als freie Autorin tätig. Fotos und Beiträge ihrer Reisen kreuz und quer durch Europa wurden in diversen Publikationen veröffentlicht.

Franziska Reichel ist 31 Jahre alt und lebt in München. Derzeit arbeitet sie als Reisebloggerin, freie Redakteurin und Teilzeit-Flugbegleiterin. Auf ihrem Blog Coconut Sports schreibt sie über Reisen, Sport und ihr Fliegerleben. Wenn sie nicht gerade unterwegs ist, verbringt sie ihre Freizeit am liebsten in ihrer Heimatstadt und dem schönen Münchner Umland.

www.vistapoint.de

INHALT

ORTE AUS »1000 PLACES TO SEE BEFORE YOU DIE«

Zeichenerklärung

 Top 10
Das müssen Sie gesehen haben

 Vista Point
Museen, Galerien, Architektur und andere
Sehenswürdigkeiten

 Mein München
Lieblingsplätze der Autorin

 Kartensymbol: Verweist auf das entsprechende Planquadrat der ausfaltbaren Karte
bzw. der Detailpläne im Buch.

Willkommen in München

Vor Jahren stand folgende Anzeige in einer Münchner Tageszeitung: »Gesucht werden aktive Bergwanderer mit Klettererfahrung. Mitzubringen sind entsprechende Ausrüstungsgegenstände plus Eimer und Schrubber zwecks Reinigung des Zeltdachs des Olympiastadions.« Prompt fanden sich zum angegebenen Zeitpunkt um die 50 Freiwillige ein. Veröffentlicht wurde der Aufruf nur leider an einem 1. April, und so wurde es nichts mit der dringend notwendigen Generalreinigung einer der großen Sehenswürdigkeiten der Stadt. Die Quintessenz: Wenn es um seine Stadt geht, ist der Münchner zur Stelle!

Und dabei wird ihm doch nachgesagt, er sei grantig, sprich unfreundlich, arrogant, laut und pflege einen übertriebenen Lokalpatriotismus. Stimmt und stimmt natürlich auch wieder nicht, wie alle Verallgemeinerungen. Eins aber hat sich der Münchner, egal ob Zuagroasta oder echtes Münchner Kindl, auch in Zeiten der Globalisierung bewahrt: seine unbeirrbare Lebensfreude.

Der Wittelsbacher Brunnen zwischen Maximilians- und Lenbachplatz

Er ist sich seines kulturellen Erbes bewusst und zugleich stolz auf die Spitzenleistungen in Wissenschaft und Wirtschaft, die diese Stadt mit ihrer Elite-Uni zu einer der europäischen Hightech-Metropolen Europas werden ließen.

Auch wenn die Hauptsehenswürdigkeiten der Altstadt bis auf wenige Ausnahmen detailgetreue Rekonstruktionen der während des Zweiten Weltkriegs zerbombten Originale sind, tragen sie zu einem nicht unwesentlichen Teil zur Identifikation der Bewohner mit ihrer Heimatstadt bei. Das geht so weit, dass man sich bis heute erfolgreich gegen jede Form zeitgenössischer Hochhausarchitektur im Innenstadtbereich zur Wehr gesetzt hat.

Man lebt, arbeitet und ächzt hier genauso wie anderswo unter den Anforderungen einer sich ständig wandelnden Welt, aber, und das ist das Besondere, man versteht es zu leben. Hier hockt man noch an schönen Sommerabenden stundenlang mit der Familie und Freunden im Biergarten. Wie zu Hause wird der Tisch unter Kastanien gedeckt und darauf gestellt, was der Kühlschrank hergibt. Nur die Maß Bier muss noch besorgt werden!

Top 10: Das müssen Sie gesehen haben

1 **Frauenkirche**
S. 18 f., 98 ff. ➡ L8
Die Doppelturmfassade mit den Welschen Hauben dürfte das meistfotografierte Motiv der Innenstadt sein. Optimal lässt sich das Wahrzeichen vom Aussichtsbalkon der Kirche St. Peter auf den Kamera-Chip bannen.

2 **Asamkirche**
S. 25 ff., 96 ff. ➡ L7
Die Brüder Egid Quirin und Cosmas Damian Asam schufen mit dieser einzigartigen Rokoko-Raumschöpfung ein Sinnbild ekstatischer Frömmigkeit und ein Architekturdenkmal sakraler Baukunst.

3 **Hofbräuhaus**
S. 28 f., 140 f. ➡ L9
Oktoberfest und Hofbräuhaus sind nicht nur für die Gäste aus Übersee die Hauptattraktion der bayerischen Landeshauptstadt. Auf jeden Fall mal einen Blick hineinwerfen.

4 **Residenz**
S. 30 f., 115 ff. ➡ K8/9
An ihrem Stadtschloss bauten die Wittelsbacher über Generationen. Der bayerische Ministerpräsident empfängt heute seine Staatsgäste im riesigen, prunkvollen Antiquarium, das zur Zeit der Renaissance entstand.

5 **Pinakotheken (Kunstareal) Alte, Neue und Pinakothek der Moderne**
S. 42, 89 ff. ➡ H7/8
Die Sammlungen der drei Pinakotheken gehören weltweit zu den Top-Adressen in Sachen Kunstgenuss.

6 **Schloss Nymphenburg**
S. 52 f., 118 ff. ➡ bB/bC3/4
Für die Besichtigung der ehemaligen königlichen Sommerresidenz (Führung) mit ihrem Park und den darin verstreut liegenden Pavillons sollte man mindestens einen halben Tag einplanen.

7 **Deutsches Museum**
S. 78, 80, 165 ➡ N9
Das weltweit größte naturwissenschaftlich-technische Museum liegt auf einer Insel in der Isar und ist nicht nur für Technik-Freaks von Interesse.

8 **Allerheiligen-Hofkirche**
S. 96, 116 ➡ K9
Die erhabene Raumwirkung dieses im Zweiten Weltkrieg zerstörten Sakralraums ist nach seinem schlichten Wiederaufbau beeindruckend. Zu erleben ist er nur im Rahmen einer kulturellen Veranstaltung.

9 **Englischer Garten**
S. 109 ff. ➡ E–J10/11
Frühling, Sommer, Herbst oder Winter: Keine Jahreszeit und kein Wetter können einen versäumten ausgedehnten Spaziergang entschuldigen.

10 **Olympiapark**
S. 114 f. ➡ A/B3/4
Das Areal mit seiner hinreißenden, schwebenden Zeltdach-Konstruktionen über den einzelnen Sportstätten der XX. Olympischen Spiele im Jahr 1972 gehört zu den überragenden Architekturentwürfen nicht nur seiner Zeit.

Mein München
Lieblingsplätze der Autorin

Lieber Leser,
dies sind einige wenige besondere Punkte dieser Stadt, an die ich immer wieder
gern zurückkehre. Eine spannende Zeit in München wünscht Ihnen

Marlis Kappelhoff

 Hofgarten
S. 36 ➡ J/K9
Genau der richtige Ort, um nach einem
ausgedehnten Stadtspaziergang den
müden Füßen eine Pause zu gönnen.
Der Blick auf Kuppel und Türme der
Theatinerkirche hat was!

 BMW Welt
S. 77 f., 79, 106 f. ➡ A5
Das spektakuläre Highlight zeitgenössischer Architektur lässt sich locker mit
einem Spaziergang über das Olympiagelände verbinden.

 Amalienburg
S. 120 ➡ bC3
Das zartrosa Rokoko-Schlösschen
ist eine einzigartige Schöpfung des
großartigen Baumeisters François de
Cuvilliés. Unbedingt durch die Innen-
räume bummeln!

 Orlandohaus
S. 130 ➡ L9
Schuhbecks Bistro-Café in der Nähe des
Hofbräuhauses ist nicht preiswert, aber
dafür exzellent. Warum den Tag nicht
hier mit einem Frühstück starten? Haus
und Gastraum allein sind schon eine besondere Sehenswürdigkeit.

 Schumann's
S. 147 f. ➡ J8
Schumann's Cocktailbibel darf in keiner
Bar, die etwas auf sich hält, fehlen –
hier, beim Original am Odeonsplatz,
schmecken die hochprozentigen Mix-
turen aber besonders gut. Eine Institution im Münchner Nachtleben.

S-Bahn-, U-Bahn- und Tramnetz München
Munich Suburban Train, Underground and Tram Network

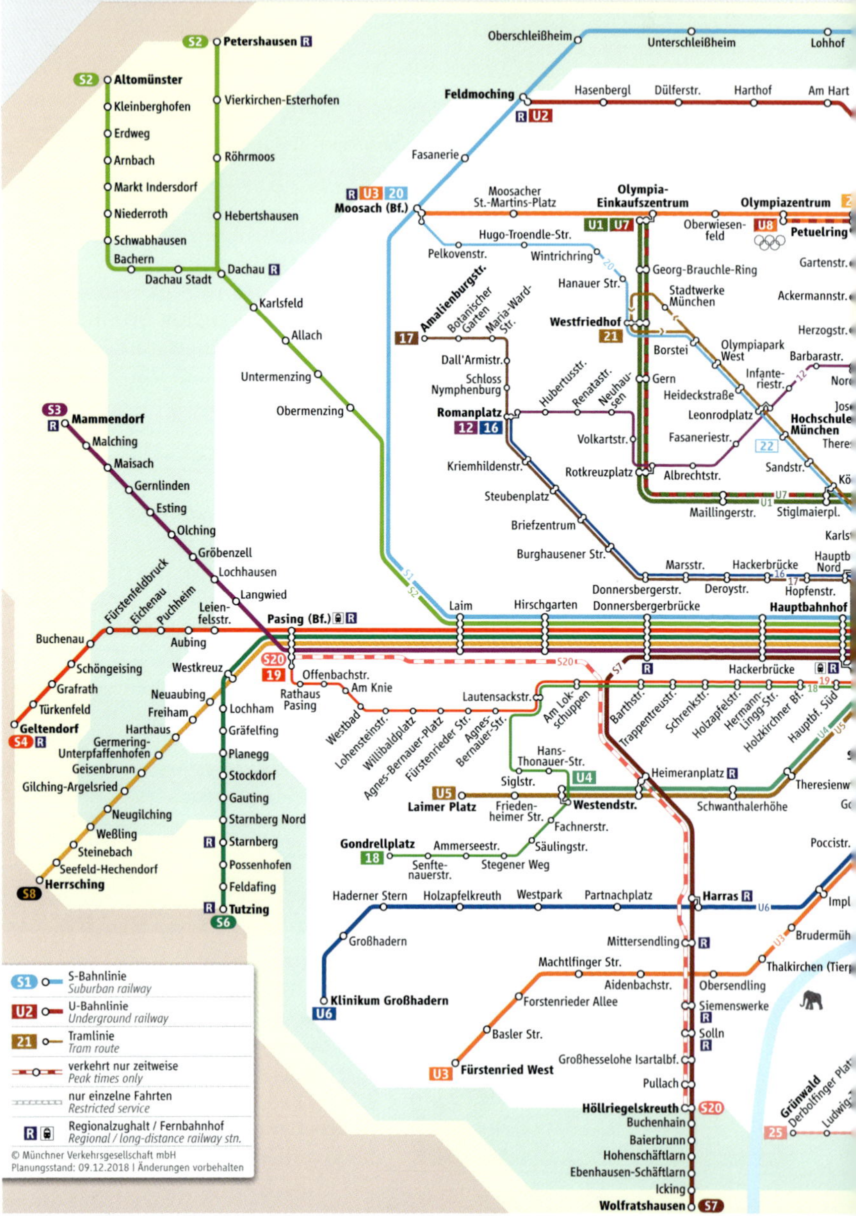

Legend:

- S1 — S-Bahnlinie / *Suburban railway*
- U2 — U-Bahnlinie / *Underground railway*
- 21 — Tramlinie / *Tram route*
- verkehrt nur zeitweise / *Peak times only*
- nur einzelne Fahrten / *Restricted service*
- R / F — Regionalzughalt / Fernbahnhof / *Regional / long-distance railway stn.*

© Münchner Verkehrsgesellschaft mbH
Planungsstand: 09.12.2018 | Änderungen vorbehalten

Im Schatten der Welschen Hauben

Vormittag
Karlsplatz/Stachus – Neuhauser-/Kaufingerstraße – Bürgersaal – Michaelskirche – Deutsches Jagd- und Fischereimuseum – Frauenkirche – Marienplatz – Tal (Heiliggeistkirche) – Isartor – Alter Peter – Viktualienmarkt (im Kartenausschnitt rot eingezeichnet).

Nachmittag
Schrannenhalle – St.-Jakobs-Platz – Sendlinger Straße – Asamkirche – Alter Hof – Alte Münze – Platzl mit Hofbräuhaus (im Kartenausschnitt blau eingezeichnet).

Die vielen Steinhocker rund um die sprudelnde Brunnenanlage auf dem **Karlsplatz/Stachus** ➡ K6 gehören an warmen Tagen zu den begehrtesten kostenlosen

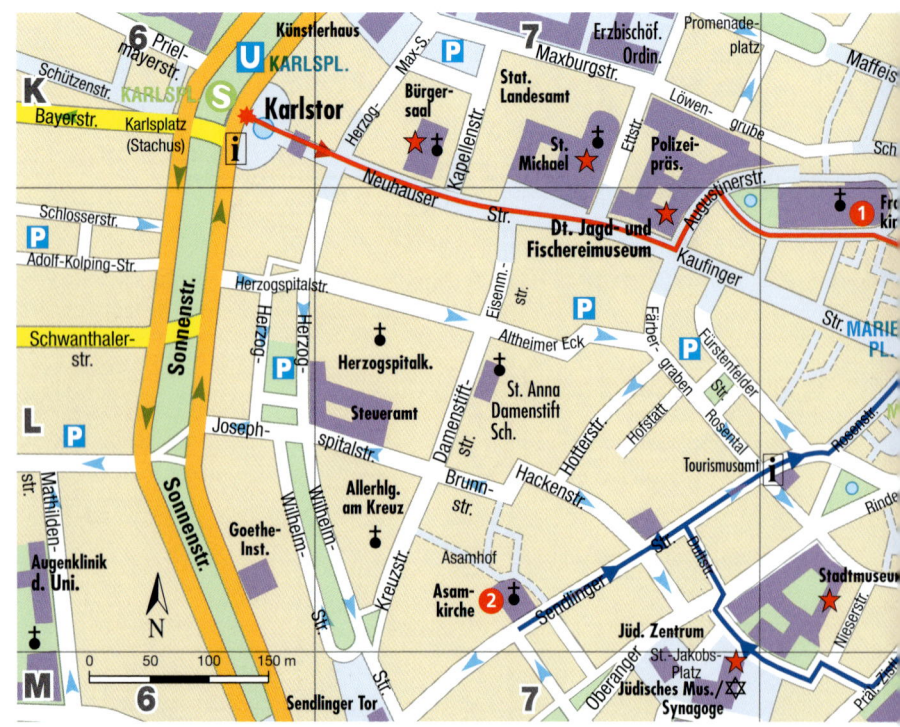

Der Karlsplatz wird im Münchner Volksmund vorwiegend Stachus genannt

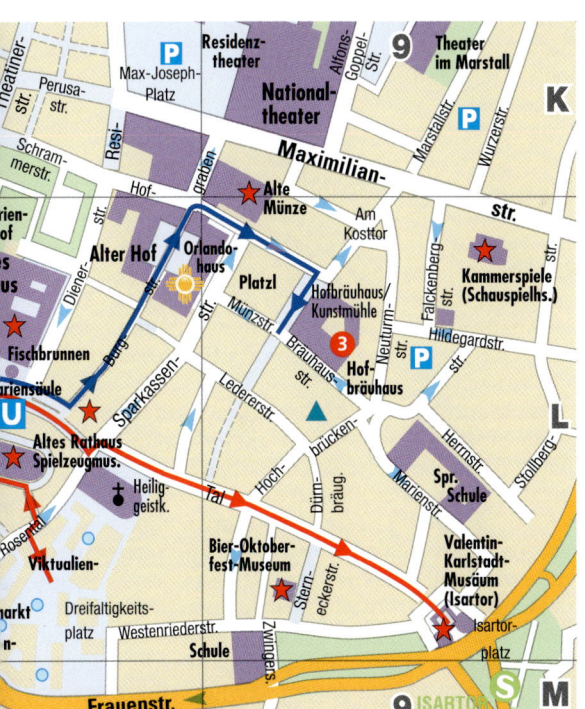

Gleich hinter dem Karlstor: das »Brunnenbuberl«

Sitzplätzen des beliebten Treffpunkts. Vor dem Start zum Stadtbummel sollte man für Momente den vielsprachigen Trubel der halbrunden Platzanlage mit dem Doppelnamen genießen. Es war der ungeliebte Kurfürst Karl Theodor, der Ende des 18. Jahrhunderts den Abriss der äußeren Stadtbefestigung befahl und diesem Platz seinen Namen gab. Die zweite, gängige Bezeichnung »Stachus«, die die Münchner bevorzugen, geht auf den Gastwirt Eustachius Föderl zurück, der im 18. Jahrhundert auf dem Gelände des heutigen Kaufhofs ein Ausflugslokal betrieb.

Durch das schmale **Karlstor** – es war Teil jenes zweiten Befestigungsrings, den Ludwig der Bayer um die zu klein gewordene Stadt Heinrichs des Löwen ziehen ließ – betritt man die **Neuhauser Straße**, die nahtlos in die **Kaufingerstraße** übergeht. Häufig wird diese Einkaufsmeile zwischen Karlstor und Marienplatz mit einer Mischung aus blankem Kommerz und ihrer vereinzelt nach dem Krieg rekonstruierten historischen Bausubstanz neben größtenteils einfallsloser 50er-Jahre-Architektur auch als »Münchens gute Stube« bezeichnet.

Der Volksmund nennt ihn **Brunnenbuberl**, den kleinen Brunnen gleich hinter dem Karlstor. Für seinen »Satyr und Knabe«, so der Originaltitel, erhielt sein Schöpfer Mathias Gasteiger zwar damals in Paris auf der Weltausstellung die Goldmedaille, bekam aber zu Hause mit seinem Werk jede Menge Ärger. Die prüden Münchner waren schockiert ob der schamlosen Blöße des Knaben und verordneten ihm das übliche Feigenblatt. Doch der Bildhauer konnte sich erfolgreich diesem Wunsch widersetzen.

Das Münchner Traditionskaufhaus **Oberpollinger** wurde einer tief greifenden Verjüngungskur unterzogen und hält den Vergleich mit Edeladressen in anderen europäischen Großstädten problemlos aus. In den lichten, großzügig gestalteten Etagen kann Einkaufen durchaus zu einem kostspieligen Genuss werden. Außergewöhnlich ist der Fassadenschmuck: Zwei der drei Giebel werden von alten Handelsschiffen (Koggen) bekrönt, auf dem dritten eilt der schlanke Gott Merkur seinem Ziel entgegen. Zu empfehlen ist in der warmen Jahreszeit der Besuch der großzügigen Dachterrasse auf dem Anbau an der Rückfront.

MÜNCHEN

München

M
ünchen ist nicht nur der Ort des Oktoberfests, sondern eine hochmoderne Messe- und Hightech-Stadt, zudem eine Fußballmetropole, eine aufregende Film- und Modestadt sowie die zweitgrößte Verlagsstadt Deutschlands nach Berlin. Dennoch kommt einem die Weltstadt mit Herz bisweilen wie ein großes Dorf vor. Die räumliche Enge in einer der am dichtesten bebauten Städte Deutschlands hat für Besucher Vorteile: Alles ist nah beieinander und übersichtlich.

Diese Stadt hat viele Gesichter: schick, lieb und gemütlich für die einen – ausgelassen, wild und allzeit neu für die anderen. Und dann wieder romantisch, ruhig, geschichtsträchtig und zeitentrückt. Ein Widerspruch? Ja mei, München ist nun mal eine Stadt voller Widersprüche.

Die Metropole an der Isar wird immer wieder mithilfe vieler Attribute beschrieben, an die sich stets große Erwartungen knüpfen. Lange wurde München als Isar-Athen oder nördlichste Stadt Italiens bezeichnet. Grund dafür war die tiefe Sehnsucht der Wittelsbacher nach klassisch-südlichem Lebensgefühl, der sie während ihrer 700-jährigen Herrschaft freien Lauf ließen. Sie machten die Stadt zu einem Panoptikum bedeutender Architektur, die als außergewöhnliche Kulisse für alle gegenwärtigen Eindrücke dient.

Heute werden meist andere Akzente gesetzt: bei einer Bratwurst am Standl auf dem Viktualienmarkt, bei einer Maß Bier im Englischen Garten, wenn der Kleinhesseloher See im Abendlicht funkelt und die Vögel, die in den Schwabinger Türmen leben, noch einmal eine letzte Runde fliegen und den Himmel beinahe schwarz färben. Oder beim Spaziergang durch den Englischen Garten, wo sich im Schatten hoher Baumgruppen die Klänge afrikanischer Trommler mit den Tänzen brasilianischer Samba-Musiker und den Reimen deutscher Rapper vermischen. Ein jeder wird in München auf seine Kosten kommen, also: Grüß Gott und Servus in München!

INFO MÜNCHEN: München Tourismus, Tel. (089) 23 39 65 00, www.muenchen.de, https://visit-muenchen-bayern.de.

München-Panorama vor den schneebedeckten Alpen.

Von hier oben geht der Blick hinüber zum mächtigen **Justizpalast** ➡ K6 (gegenüber vom Stachus). Der schlossähnliche Komplex wurde nach Plänen von Friedrich von Thiersch zwischen 1891 und 1898 erbaut. Er gilt als einer der großartigsten Repräsentationsbauten der Gründerzeit. Es lohnt sich, wenigstens einen Blick in das pompöse Vestibül mit seinen hochherrschaftlichen Treppenaufgängen zu werfen.

Zu den erstaunlichsten Bauwerken der eher gesichtslosen Einkaufsmeile Neuhauser-/Kaufingerstraße mit ihren landesweit bekannten Läden preiswerter Mode zählt der **Bürgersaal** ➡ K7. Hinter der zweigeschossigen, barocken, in Rosa gehaltenen Fassade verbergen sich zwei sehr unterschiedliche sakrale Räume. Ebenerdig betritt man die niedrige Unterkirche mit dem Grab des 1987 selig gesprochenen Jesuitenpaters Rupert Mayer. Schon am 9. Juni 1931 erteilten die Nationalsozialisten dem wortgewaltigen und überaus beliebten Geistlichen Redeverbot. Da er sich auch in der Folgezeit hartnäckig weigerte, das Beichtgeheimnis preiszugeben, brachte man den Kleriker 1939 ins Konzentrationslager Oranienburg. Als Todkranker entlassen, starb er kurz darauf 1945 im oberbayerischen Kloster Ettal. Abrupter Szenenwechsel: Eine Etage höher empfängt den Besucher in der Oberkirche die traumhafte, jubelnde, lichte Welt des Barock, eher Ball- denn Betsaal.

Als »Triumphkirche der Gegenreformation« pries Herzog Wilhelm V., genannt der Fromme, die im Juli 1597 feierlich geweihte **St. Michael** ➡ K7. In der ersten Renaissancekirche nördlich der Alpen mit ihren sich anschließenden Kolleggebäuden (heute Alte Akademie) zogen die für ihren analytischen Intellekt bekannten Jesuiten ein. Es liegt also auf der Hand, dass dieser dem Erzengel Michael geweihte Sakralbau bis heute als machtvolle Antwort auf die Bedrohung durch die Reformation interpretiert wird. Als sichtbares Zeichen seines ungebrochenen Selbstverständnisses ließ sich der Erbauer mit weiteren Repräsentanten des Hauses Wittelsbach an der dreistöckigen, imposanten Giebelfassade oberhalb des Erzengels Michael darstellen. Als technische Glanzleistung jener Zeit muss das über 20 Meter weit gespannte Tonnengewölbe des Kirchenraums gesehen werden.

Bronzestatue eines Wildschweins vor dem Deutschen Jagd- und Fischereimuseum

Die Fassade der ersten Renaissancekirche nördlich der Alpen: St. Michael in der Neuhauser Straße

Und wenige Meter weiter schon wieder eine Kirche! Nur ganz anders: In die drei Geschosse der ehemaligen Augustinerkirche St. Johann ist 1966 das **Deutsche Jagd- und Fischereimuseum** ➜ L7 eingezogen. Auch wenn man sich nicht unbedingt für derartige Exponate begeistern kann, besitzt ihre Präsentation an diesem Ort einen ganz besonderen Reiz. Wo sonst lassen sich jede Menge kapitaler Jagdtrophäen unter einem mit dezentem Stuck verzierten Kirchengewölbe betrachten?

Am Übergang von der Neuhauser zur Neuhauser-/Kaufingerstraße lässt sich anhand der leichten Krümmung der nach links abzweigenden Augustinerstraße der Verlauf der ersten Stadtmauer Heinrichs des Löwen erkennen.

Einen kurzen Stopp sollte man beim Herrenbekleidungsgeschäft »Hirmer« (Kaufingerstr. 28) einlegen. Zwischen den Schaufenstern weist eine Bronzetafel den aufmerksamen Spaziergänger darauf hin, dass im Straßenpflaster der Grundriss des dort abgebildeten »Schönen Turms« zu sehen ist. 1157 im Zuge der ersten Stadtmauer errichtet, fiel das marode Bollwerk dann

1457 der Spitzhacke zum Opfer. Der dringend erforderliche Neubau war nachweislich weitaus prächtiger. Man bemalte ihn mit farbenfrohen Fresken, die ihm in der Folgezeit zu seinen Beinamen verhalfen. Im Rahmen einer weiteren Stadterweiterung musste auch dieses Schmuckstück 1807 abgerissen werden.

Wer der Biegung der Augustinerstraße nur wenige Schritte folgt, steht unvermittelt vor der mächtigen Doppelturmfassade der ❶ **Frauenkirche** ➡ L8 mit ihren patinagrünen Welschen Hauben. Angeblich soll der Teufel beim Bau des dreischiffigen Backsteinbaus seine Hand im Spiel gehabt haben. Die Legende weiß zu

Blick von St. Peter auf Frauenkirche und Neues Rathaus am Marienplatz

berichten, dass der Baumeister Jörg Ganghofer, an der zügigen Fertigstellung des Auftrags interessiert, mit Luzifer einen Deal einging, der Folgendes beinhaltete: Der Baumeister verpflichtet sich dem Herren der Unterwelt gegenüber, die Kirche ohne sichtbare Fensteröffnungen hochzuziehen. Getrieben von der festen Überzeugung, dass niemand in ein stockfinsteres Gotteshaus zum Beten käme, schuftete der Teufel wie ein Besessener, musste dann aber zu seinem Entsetzen feststellen, dass seine Rechnung nicht aufgegangen war.

Außer sich vor Wut raste er zu Ganghofer und forderte dessen Seele. Völlig gelassen begleitete dieser den Rasenden in den Vorraum des Doms, denn weiter kam der Herrscher der Unterwelt nicht, weil die Kirche schon geweiht war. Ganghofer bewies dem Teufel, dass vom Eingangsbereich aus kein einziges Fenster zu sehen war. Völlig entnervt stampfte der Teufel so kraftvoll auf, dass noch heute sein Fußabdruck im Vorraum zu sehen ist.

Glasmalerei in der Frauenkirche

Erklärend muss hinzugefügt werden, dass die architektonische Situation heute nicht mehr dem geschilderten Täuschungsmanöver entspricht, da von dieser Stelle aus jetzt das Chorfenster zu sehen ist, das vor der Zerstörung des Doms im Zweiten Weltkrieg vom Hochaltar verdeckt wurde.

Die Monumentalität des eher karg möblierten Innenraums ist beeindruckend. Elf schlanke, achteckige Pfeilerpaare tragen das Sterngewölbe. Gerettet wurde das prunkvolle Grabmal – ein Kenotaph, das heißt ein leeres Scheingrab – für Kaiser Ludwig den Bayern, das ursprünglich an prominenter Stelle vor dem Hochaltar stand und jetzt in eine Ecke des südlichen Seitenschiffs verbannt wurde.

An einem der nicht so seltenen lichten Föhntage sollte man sich auf keinen Fall die Fahrt hinauf auf den Südturm des Doms entgehen lassen. Die Aussicht vom höchsten Bauwerk der Innenstadt auf die Alpenkette ist schlicht umwerfend.

Seit der Stadtgründung 1158 ist der **Marienplatz** ➡ L8 die urbane Mitte der Landeshauptstadt. Der Schrannenplatz, so seine Bezeichnung bis 1854, war Kreuzungspunkt wichtiger Handelsstraßen. Je nach den wechselnden Bedürfnissen der mittelalterlichen Stadt

Mariensäule – Mittelpunkt des Marienplatzes

wurde er kurzfristig vom Markt- zum Richt- oder Turnierplatz, aber auch zu einem Open-Air-Tanzsaal bei einer Fürstenhochzeit umfunktioniert.

Heute wird der Platz von einem wirren Gemisch hässlicher Kaufhausfronten der Nachkriegszeit und den Rekonstruktionen historischer Gebäude wie dem Neuen und Alten Rathaus eingefasst. Welche Stadt hat schon zwei Rathäuser, die sich auch noch gegenüberstehen?

Mittelpunkt des Platzes ist die **Mariensäule**. 1638 stiftete sie Kurfürst Maximilian I. zum Dank dafür, dass die Stadt während des Dreißigjährigen Kriegs nicht von den Schweden besetzt worden war. Auf dem elf Meter hohen Monolith aus Untersberger Marmor schwebt ganz in Gold jung und grazil auf der Mondsichel die »Patrona Bavariae«. Es handelt sich um eine Arbeit von Hubert Gerhard, der sie um 1590 angefertigt haben soll. Ihr zu Füßen kämpfen vier Putti gegen Hunger, Krieg, Pest und Ketzerei.

Noch als Kronprinz ließ Ludwig I. 24 alte Bürgerhäuser für den Bau des **Neuen Rathauses** ➡ L8 im flandrischen Stil abreißen. Standbilder aller Herrscher aus dem Haus der Welfen und Wittelsbacher schmücken die fast 100 Meter lange Schaufront. Es handelt sich um den größten Herrscherzyklus an einem deutschen Rathaus.

Die Attraktion und täglicher Touristenmagnet ist das Glockenspiel im Rathausturm: Von 1,40 Meter großen Figuren werden Szenen der Hochzeitsfeierlichkeiten Wilhelms V. mit Renata von Lothringen im Jahr 1568 dargestellt, unter anderem das Ritterturnier, das zu diesem Anlass auf eben diesem Platz stattgefunden haben soll. Als Zugabe gibt es noch den Schäfflertanz, der die Erinnerung an das Pestjahr 1517 wachhält.

Im **Fischbrunnen** an der Ecke zur Einmündung der Dienerstraße auf den Marienplatz wäscht der Bürgermeister seit 1426 alljährlich unter großer Publikumsbeteiligung am Aschermittwoch im eiskalten Wasser die Geldbörse der Stadt aus, damit sie für den Rest des Jahres laut Aberglaube gut gefüllt bleibt.

Das **Alte Rathaus**, noch aus der Zeit der Gotik, schließt den Platz nach Osten hin ab. In seinem Turm ist heute das **Spielzeugmuseum** untergebracht. Den ehemaligen Ratssaal nutzt die Stadt als festlichen Rahmen bei besonderen Anlässen. An der Rückseite des Alten Rathauses blickt der Stadtgründer, Heinrich der Löwe, auf das Tal – einst zogen über diese Straße die schweren Salzfuhrwerke durch das Torhaus nach München ein.

Weiter Richtung Isar endet diese bis jetzt mit wenig Grün bestückte Einkaufsstraße am **Isartor,** einem der noch erhaltenen Bollwerke des zweiten Befestigungsrings. Seit einiger Zeit will man diese Gegend attraktiver machen, auf das Ergebnis darf man gespannt sein. In einem der Türme lockt das witzige **Valentin-Karlstadt-Musäum** ➡ L8 mit seinem skurrilen, kleinen Café direkt unter der Spitze zu einer Pause.

Auf dem Weg zurück zum Marienplatz darf man an der **Heiliggeistkirche** schräg gegenüber der Rückfront des Alten Rathauses (Ecke Tal/Rosental) nicht vorübergehen, ohne wenigstens einen Blick in den lichten Innenraum zu werfen, dem die Brüder Asam ihre unvergleichliche Handschrift in Form einer üppigen Rokokoausstattung verpassten.

Die Heiliggeistkirche gehört zu den ältesten erhaltenen Kirchenbauten Münchens

Obst-Standl auf dem Viktualien-markt: »Obst und Gmias aus da ganz'n Weld«

Vom Marienplatz sind es nur wenige Schritte bis zur dreischiffigen Pfeilerbasilika **St. Peter** ➡ L8. Anhand von Grabungen konnte der eindeutige Beweis erbracht werden, dass dieser Sakralbau älter als die Stadt Hein-richs des Löwen ist.

Ein Fitnessprogramm der besonderen Art bietet der steile hölzerne Treppenweg um die mächtigen Glocken herum hinauf zum luftigen, schmalen Aussichtsbalkon. Oben angekommen wird man auch hier mit einem grandiosen Blick auf das Dächergewirr des Altstadt-kerns mit dem Viktualienmarkt belohnt.

Der Bummel über den **Viktualienmarkt** ➡ L8 versetzt gleichermaßen Augen und Nase in einen Rauschzu-stand. Schon morgens türmen in aller Früh die »Stan-

» Der Markt lehrt Dich's, nicht der Tempel. «

VIKTUALIENMARKT

München, Bayern

Es gibt nichts, was es nicht gibt. Chili aus Chile oder Knoblauch aus Argentinien, Yamswurzel aus Afrika oder Zitronengras aus Asien? Frisch importiert und erste Wahl? Auf dem Viktualienmarkt, bekannt für seine große Auswahl exotischer Lebensmittel, kommen selbst verwöhnte Feinschmecker auf ihre Kosten. Andererseits ist der mit 22 000 Quadratmetern Verkaufsfläche größte Freiluftmarkt Deutschlands auch ein gigantischer Bauernmarkt, der täglich frisches hiesiges Obst und Gemüse an die Städter liefert.

Fleisch und Wurstwaren, Fisch, Blumen, Eier, Getränke, Honig und Gewürze gibt es in allen denkbaren und undenkbaren Variationen. An über 100 Ständen und Läden sowie 72 Freiverkaufsflächen werden jährlich mehr als 30 Millionen Euro umgesetzt.

Süße Leckereien gibt's im Honighäusl mit circa 60 Sorten, das legendäre Krustenbrot bei der Bäckerliesl, die besten Weißwürste beim Wöhrmüller, den saftigsten Leberkäs beim Schlemmermeyer oder Friedl.

Ein Mikrokosmos bayerischer Lebenslust. Wer das Münchner Lebensgefühl ergründen will – Weltzugewandtheit gepaart mit etwas endzeitlichem Pessimismus –, ist hier am Ziel.

Die günstige Lage im Zentrum, nur etwa 150 Meter vom Marienplatz entfernt, und die vielen Touristen treiben die Standgebühren und Preise zwar nach oben, die Qualität der Produkte ist dafür jedoch in der Regel ausgezeichnet. Viele Stände sind inzwischen feste Läden, insbesondere die Metzger und Imbissbuden.

Erfunden hat den Viktualienmarkt Bayerns erster König, Maximilian I. Josef, der den traditionellen Obst- und Gemüsemarkt vom Schrannenplatz (heute Marienplatz) am 2. Mai 1807 auf den Platz zwischen Heiliggeistkirche und Frauenstraße verlegte. Wie der Bauch von München seinen heute weltberühmten Namen erhielt, ist einfach zu erklären: Viktualien war früher ein durchaus gängiges Wort für Lebensmittel.

Den besten Blick auf das Gelände hat man von der Terrasse des Petersbergls, eines Backsteinbaus von 1880, in dem sich einige der besten Metzgereien, Kunsthandwerker sowie das einzige Kammfachgeschäft Münchens befinden.

INFO: In der Münchner Altstadt gelegen.
INFO VIKTUALIENMARKT: 80331 München, www.viktualienmarkt-muenchen.de. Der Markt ist Mo–Sa geöffnet. Die Geschäfte schließen spätestens um 20 Uhr.

Maibaum auf dem Viktualienmarkt.

Neue Synagoge

München, Bayern

Aus einem Hinterhof ist das Gebäude wieder an den Ort zurückgekehrt, an dem es vor 1933 schon einmal war: Münchens damaliger Oberbürgermeister Christian Ude hatte die Idee, das neue jüdische Gemeindezentrum mit Museum und Synagoge am St.-Jakobs-Platz wieder aufbauen zu lassen, mitten im Herzen der Stadt. Für die Einweihung des Gotteshauses Ohel Jakob (hebräisch für Zelt Jakobs) wurde ganz bewusst der 9. November 2006 ausgewählt. Denn 68 Jahre zuvor, in der Reichspogromnacht von 1938, war die Synagoge völlig zerstört worden.

Die jüdische Gemeinde München wurde wie die Schwestergemeinden anderer deutscher Städte in der Zeit des Nationalsozialismus fast ausgelöscht. Gab es 1933 noch etwa 9000 Juden in der bayerischen Metropole, so waren es im Mai 1945 nur noch 84. Unterstützt durch die Zuwanderungen aus der ehemaligen Sowjetunion wohnen heute wieder etwa 10 000 Juden in der Stadt.

Die zweitgrößte jüdisch-orthodoxe Gemeinde in Deutschland erhielt mit dem Synagogenbau eine neue Heimat in der Münchner Altstadt. Der mit Travertin-Platten verkleidete Sockel des 28 Meter hohen Gebäudes, das 585 Sitzplätze hat, erinnert an die Klagemauer, den einzig erhaltenen Teil des Jerusalemer Tempels.

Darüber thronen, in einem quaderförmigen Oberlicht, ineinander verschachtelte Davidsterne aus Stahl. Die einfallenden Sonnenstrahlen werden mehrfach gebrochen und tauchen das Innere der Synagoge, die mit libanesischem Zedernholz und hellem Stein aus Jerusalem ausgestattet ist, in warmes Licht.

Die zwölf Meter hohe Glaskonstruktion steht für das Zelt, das die 40-jährige Wanderung der Juden durch die ägyptische Wüste symbolisiert. Auf der Innenseite der Eingangstüren an der Westseite sind die zehn Gebote eingelassen. Ein unterirdischer Gang der Erinnerung führt zum Gemeindehaus.

Auf einer Seite sind die Namen der rund 4300 ermordeten Münchner Juden aufgelistet, auf der anderen Seite wird an alle sechs Millionen Opfer des Holocaust erinnert. Führungen können mit der Synagogen-Gemeinde auf Anfrage individuell vereinbart werden.

Info: Im Stadtteil München-Freiham gelegen. **Info Neue Synagoge:** Israelitische Kultusgemeinde München und Oberbayern, St.-Jakobs-Platz 18, 80331 München, Tel. (089) 202 40 01 00, www.ikg-muenchen.de, Führungen auf Anfrage.

Die neue Hauptsynagoge am Münchner St.-Jakobs-Platz.

derlfrauen« ihre hochpreisige, knackfrische Ware zu optisch reizvollen Gebirgen auf. Der Einkauf, egal ob engagierter Hobbykoch, qualitätsbewusste Hausfrau oder Profi, artet hier immer zu einer Zeremonie aus. Es soll Genussmenschen geben, die trotz der speziellen Preise keinen Samstag verstreichen lassen, ohne sich hier fachkundigen Rat für das abendliche Menü nach einer zünftigen Brotzeit geholt zu haben.

Derart gut erholt beginnt die Fortsetzung des Spaziergangs in Richtung **Schranne** ➡ L/M8 an der Blumenstraße. Der Entschluss, den Kornmarkt vom Marienplatz vor dem alten Rathaus in unmittelbare Nähe des Viktualienmarkts zu verlegen, stammt von König Maximilian II. Den Zuschlag erhielt der Ingenieur Karl Muffart für den Entwurf einer 430 Meter langen, von gusseisernen Säulen getragenen lichten Halle mit zwei Kopfbauten. Eröffnet wurde die Markthalle 1853 nach nur zwei Jahren Bauzeit, 1914 jedoch wegen einer verkehrsgünstiger gelegenen Großmarkthalle im Süden der Stadt wieder zur Hälfte abmontiert. An diese eingelagerten Reste erinnerte man sich im Rahmen des Wiederaufbaus nach dem Zweiten Weltkrieg – 2005 wurde die Einweihung der »neuen/alten« Schranne gefeiert. Zunächst ging das Konzept der Betreiber nicht auf, bis im November 2015 der italienische Genusstempel Eataly mit einer Mischung aus Feinkostkaufhaus, Gastronomie und Kochschule einzog. Es ist der erste europäische Standort der sehenswerten Gourmetstätte außerhalb Italiens. Auf dem **St.-Jakobs-Platz** ➡ M7 wurde am 9. November 2006 das **Jüdische Zentrum** mit seiner wuchtigen **Hauptsynagoge**, dem **Jüdischen Museum** sowie einem Gemeindehaus mit Rabbinat, Verwaltung, Versammlungsräumen, aber auch Kindergarten, Ganztagsschule, Jugend- und Kulturzentrum sowie einem Restaurant feierlich eröffnet.

Die nahe verkehrsberuhigte **Sendlinger Straße** ➡ L7 verführt mit ihren zahlreichen Geschäften zu einem Einkaufsbummel. Ihre kulturhistorische Sehenswürdigkeit von Weltrang ist St. Johann Nepomuk, genannt ❷ **Asamkirche**. Mit dem Bau der Privatkirche erfüllten sich die Starkünstler des Rokoko, die Brüder Egid Quirin und Cosmas Damian Asam, ihren Lebenstraum.

Vergleichbar einem übersinnlichen Rausch kann man vielleicht am ehesten das Gefühl beschreiben, das einen

In der Sendlinger Straße lässt es sich gut bummeln

In der Asamkirche erwartet die
Besucher eine überwältigende
Opulenz des Rokoko

ASAMKIRCHE ST. JOHANN NEPOMUK

München, Bayern

Die von den genialen Brüdern Cosmas Damian und Egid Quirin Asam gestiftete und erbaute Kirche St. Johann, dem heiligen Johann Nepomuk geweiht, ist den meisten Münchnern nur als Asamkirche bekannt. Das

Gotteshaus wurde von 1733 bis 1746 direkt neben dem Wohnhaus Egid Asams in der Sendlinger Straße errichtet. Es war zunächst als Privatkirche der Brüder gedacht und wurde der Bevölkerung erst nach Protesten öffentlich zugänglich gemacht. Hier konnten die beiden Bildhauer ihr künstlerisches Konzept voll ausleben, denn es gab ja keinen Auftraggeber, der ihnen hineingeredet hätte. Herausgekommen ist ein Hauptwerk der bayerischen Sakralarchitektur des 18. Jahrhunderts. Architektur, Malerei und Ausstattung der Kirche wurden genau aufeinander abgestimmt und bilden so das schönste Rokoko-Ensemble Münchens.

Süddeutsches Rokoko: Vanitas-Symbole in der Asamkirche (München).

Auf nur neun mal 28 Metern wurde ein Meisterwerk spätbarocker Architektur geschaffen. Fügt sich die Kirchenfassade außen noch bescheiden in die Häuserzeile ein, so quillt der Kirchenraum innen förmlich über vor Figuren und Schnitzereien, die italienischen Kirchen nachempfunden sind. Am Hochaltar befinden sich sogar vier gedrehte Säulen, die an die Bernini-Säulen erinnern sollen, die den Baldachin über dem Petrusgrab im Petersdom in Rom tragen. Anders als sonst üblich liegt der Hochaltar im Westen der Kirche – es heißt, so habe der Erbauer Egid Asam direkt von einem Fenster seines Wohnhauses auf den Altar blicken können.

Ein großes Deckenfresko zeigt Szenen aus dem Leben des heiligen Nepomuk. Die subtile Steuerung des Lichteinfalls ist äußerst beeindruckend: Figuren werden effektvoll von hinten beleuchtet, und die Kirche wird von unten nach oben hin immer heller – symbolhaft für die Leiden der Welt im unteren Bereich und die Ewigkeit in der hellen oberen Zone. Sieben Beichtstühle mit allegorischen Darstellungen vervollständigen das Ensemble.

An der Außenfassade tragen zwei äußere Pilaster das reich gegliederte obere Giebelwerk und bilden konkav nach innen gedreht den Rahmen für die gesamte Fassade. Innerhalb wölbt sich in einer Gegenbewegung nach außen die eigentliche doppelgeschossige Portalzone.

Die Asamkirche wurde während des Zweiten Weltkriegs völlig zerstört, jedoch wieder liebevoll und detailgetreu restauriert. Ein Besuch des Gotteshauses empfiehlt sich vor allem morgens, wenn das Hauptlicht durch das große Ostfenster hereinfällt.

INFO: In der Münchner Altstadt gelegen. **INFO ASAMKIRCHE:** Sendlinger Str. 32, 80331 München, Öffnungszeiten tägl. 9–17.30 Uhr (keine Besichtigung während der Gottesdienste).

Im Hofbräuhaus

beim Betreten dieses »Theatrum sacrum« erfasst. Jegliche Erdhaftung scheint diesem grandiosen Raum abhanden gekommen zu sein. Geblendet von der Pracht und dem Formenreichtum wird sich bestimmt niemand der Mystik dieser einzigartigen Raumschöpfung entziehen können.

Richtung Marienplatz führt der Weg jetzt automatisch an der **Hofstatt** ➡ L7 (Sendlinger Str. 10) vorbei. Münchens jüngste Einkaufspassagen entstanden auf dem 15 500 Quadratmeter großen Areal hinter den unter Denkmalschutz stehenden ehemaligen Verlagsgebäuden der Süddeutschen Zeitung und der Abendzeitung. Zusätzlich zu den zahlreichen Geschäften entstanden auf dem prominenten Areal großzügige Räumlichkeiten für Wohnungen, Praxen und Kanzleien im gehobenen Preissegment.

Dieser Spaziergang kreuzt jetzt noch einmal den Marienplatz und verläuft dann durch die uralte Burgstraße unmittelbar hinter dem Kaufhaus Beck Richtung **Alter Hof** ➡ L8. Bei dem etwas stilleren, mit Kopfsteinen gepflasterten Geviert handelt es sich um den Innenhof der ersten Residenz der Wittelsbacher an der ursprünglich äußersten Nordostecke der Stadt. Weil sich damals, in der Mitte des 13. Jahrhunderts, das Herrschergeschlecht noch nicht der unbedingten Zuneigung seiner Untertanen sicher sein konnte, wählte man mit Bedacht diesen Winkel, der die sichere Flucht durch den Hinterausgang aufs platte Land garantierte.

Und genau durch dieses rückwärtige Tor verläuft jetzt der Weg weiter an der **Alten Münze** ➡ K/L9 (Hofgraben 4) vorbei. Der kunstsinnige Herzog Albrecht V. ließ das heutige Amt für Denkmalpflege im 16. Jahrhundert als Marstall mit integrierter persönlicher Kunstkammer errichten. Der architektonisch bedeutendste Teil ist der durch das große Tor zugängliche berühmte Renaissance-Arkadenhof.

Zum Pflichtprogramm eines jeden München-Besuchers gehört das ❸ **Hofbräuhaus** ➡ L9. Im »berühmtesten Wirtshaus der Welt« herrscht immer drangvolle Enge bei entsprechendem Lärmpegel. Zu den Klängen »In München steht ein Hofbräuhaus, oans, zwoa, gsuffa« findet bei Bier, Brezen und Weißwurst die tägliche internationale Verbrüderung statt.

» Oans, zwoa, gsuffa «

HOFBRÄUHAUS

München, Bayern

In München steht, ja was denn sonst, ein Hofbräuhaus! Und das seit mehr als 400 Jahren. Ursprünglich eine königliche Kneipe, heute eines der berühmtesten Bierhäuser der Welt und ein Muss für jeden Besucher der bayerischen Landeshauptstadt. Sein Entstehen verdankt der Bierpalast dem bayerischen Herzog Wilhelm V. Weil seinem Hofstaat die Produkte der örtlichen Brauer nicht schmeckten, gönnte sich der Fürst den Luxus »ainpockisch Bier« zu importieren: Bier aus Einbeck in Norddeutschland, dem auch das Bockbier seinen Namen verdankt. Der fürstliche Bierkonsum verursachte erhebliche Frachtkosten. Der Transport war so teuer, dass Wilhelms Kammermeister den Gedanken hatte, dass es den Herzog vielleicht billiger käme, selbst anständiges Bier brauen zu lassen. Gesagt, getan. Das Hofbräuhaus war geboren. Das war 1589.

Das weltbekannte Hofbräuhaus zählt zu den beliebtesten Touristenattraktionen Münchens.

Das Haus war lange Zeit ein exklusives Etablissement, einzig die Mitglieder des Hofstaates kamen in den Genuss des Eigenbräus. Aber ab 1828 wurde auch für das gemeine Volk gezapft – eine goldrichtige Entscheidung. Das Hofbräuhaus entwickelte sich in kürzester Zeit zur beliebtesten Kneipe Münchens. Von 1890 an diente das Gebäude nur noch als Schenke.

Heute werden hier jährlich sagenhafte 20 Kilometer Weißwürste verzehrt, die morgens ab vier Uhr in Eigenproduktion vorbereitet werden. An gewöhnlichen Tagen werden 50 Hektoliter Bier gezapft, an Spitzentagen sind es mehr als 10 000 Maß. Es gibt keinen Ruhetag, täglich ist ab 9 Uhr geöffnet. Insgesamt passen 3000 Menschen in das Gebäude. Im Herzstück des Hauses, der Schwemme im Parterre, wo vor hundert Jahren noch Brauanlagen standen, können bis zu 1000 Gäste bewirtet werden. Für treue Stammkunden gibt es dort Regale, in denen sie ihre Bierkrüge aufbewahren. Der Innenhof mit dem Löwenbrunnen dient im Sommer als Biergarten.

Das Hofbräuhaus, ein Stammtisch der ganzen Welt, hatte schon zahlreiche prominente Besucher: u. a. Wolfgang Amadeus Mozart, die österreichische Kaiserin Sisi, Wladimir Iljitsch Lenin, die Tänzerin Josephine Baker und zahlreiche Vertreter des Vatikans – letztere in der Regel inkognito.

INFO: In der Münchner Altstadt gelegen. **INFO HOFBRÄUHAUS:** Platzl 9, 80331 München, Tel. (089) 29 01 36-100, www.hofbraeuhaus.de, Öffnungszeiten tägl. 9–24 Uhr. Reservierung nur in bestimmten Bereichen möglich.

Die königlich-bayerische Residenzstadt

Vormittag

Max-Joseph-Platz – Residenz – Maximilianstraße – Maximilianeum – Residenz- und Theatinerstraße – Odeonsplatz mit Feldherrnhalle und Theatinerkirche – Hofgarten – Ludwigstraße – Universität – Siegestor.

Nachmittag

Odeonsplatz – Wittelsbacherplatz – Karolinenplatz – Königsplatz
(auf der ausfaltbaren Karte grün eingezeichnet).

Das Nationaltheater am Max-Joseph-Platz

Der **Max-Joseph-Platz** ➡ K8/9 prunkt mit Repräsentationsbauten wie dem zweiten innerstädtischen Stadtschloss der Wittelsbacher, der Residenz und den benachbarten Häusern von Residenz- und Nationaltheater. Die Platzanlage erhält nicht zuletzt dadurch ihre Raumwirkung, dass die sie umgebenden Gebäudekomplexe kein homogenes, in sich geschlossenes Ensemble bilden.

Im Mittelpunkt der Platzanlage sitzt Max I. Joseph gemütlich auf seinem gusseisernen Thronsessel. Im Gegensatz zu den gängigen Herrscherporträts, die den Dargestellten als führungsstarke Persönlichkeit zeigen, grüßt dieser zu seinen Lebzeiten allseits beliebte Monarch lässig seine Untertanen. Auftraggeber dieser ersten Kolossalstatue ihrer Zeit war sein Sohn Ludwig I. Drei der bedeutendsten Künstler jener Epoche beauftragte der Monarch mit der Ausführung des Denkmals: Leo von Klenze lieferte den Entwurf, Christian Rauch baute das Modell und der noch junge Johann Stiglmaier bekam den Zuschlag für den Guss.

Das klassizistische **Nationaltheater**, Spielstätte der Bayerischen Staatsoper, ist das auffälligste Gebäude des Platzes. Besonders schön ist der Eindruck im Hochsommer an einem dieser späten, leuchtenden Nachmittage bzw. frühen Abende, wenn die untergehende Sonne die beiden Doppelgiebel in goldenes Licht taucht und zahlreiche Menschen auf der tagsüber prima aufgewärmten Steinbank entlang der Residenz sitzen und einfach nur die spezielle Atmosphäre genießen.

Die lang gestreckte Südfassade der ❹ **Residenz** ➡ K9 ist eindeutig dem Palazzo Pitti in Florenz nachempfunden und geht auf den Italienfan Ludwig I. zurück. Direkt gegenüber steht das einstige **Palais Törring-Jettenbach** aus der Mitte des 18. Jahrhunderts, erbaut nach Plänen der Brüder Johann Baptist und Ignaz Anton Gunetzrhainer, das Ludwig I. von Klenze zum Hauptpostamt mit der im pompejanischen Rot gehaltenen Loggia umgestalten ließ.

Nach dem Verkauf des Gebäudes an Privatinvestoren wurde bis auf die denkmalgeschützten Fassaden der gesamte Innenausbau entkernt. An dieser prominenten Stelle in der Innenstadt entstand ein Gebäudekomplex mit den in München schon üblichen Edelgeschäften, Luxuswohnungen und Büros sowie einem Restaurant.

Zwischen dem Nationaltheater und der Residenz liegt etwas zurückversetzt das **Residenztheater** ➡ K9. Das »Resi«, wie die Münchner das Staatsschauspiel kurz nennen, ist eine Schöpfung der Nachkriegszeit. Ursprünglich stand an dieser Stelle das allein dem Hof zugängliche **Cuvilliés-Theater**. Im Rahmen des Wiederaufbaus der Residenz nach dem Zweiten Weltkrieg wurde es in den Schloss-Komplex integriert. 2010 nach drei Jahren Renovierung wieder eröffnet, ist das Rokokotheater nicht nur der älteste Musentempel der Stadt, sondern auch einer jener einzigartigen und geschützten Architekturschätze der Welt.

Als reizvollen Kontrast zu den Repräsentationsbauten an drei Seiten wird der Max-Joseph-Platz zur Residenzstraße hin von einer Zeile rekonstruierter, auf-

Das Antiquarium der Münchner Residenz

Rokoko in Vollendung

CUVILLIÉS-THEATER (ALTES RESIDENZTHEATER)

München, Bayern

Das im 18. Jahrhundert erbaute Cuvilliés-Theater wird oft als Perle des höfischen Rokoko bezeichnet. Der Prachtbau am Münchner Hofgarten ist Teil der Residenz und gilt als schönstes Rokokotheater Europas, geschaffen von den besten damals tätigen Künstlern: Cuvilliés, Straub, Zimmermann. Das Bauwerk, das auch Altes Residenztheater genannt wird, wurde vom Architekten Cuvilliés, damals Hofbaumeister, in den Jahren 1751 bis 1753 als Schauspielhaus errichtet. Den Auftrag

Überbordender figuraler, floraler und ornamentaler Dekor: das Cuvilliés-Theater in der Münchner Residenz.

hatte Kurfürst Max III. Joseph erteilt, nachdem die Neuveste mitsamt Theater im Jahr 1750 abgebrannt war. Da der Hof sich selbst zum eigentlichen Spektakel machte, musste der Zuschauerraum die Essenz des Baus sein. Er konnte abgehoben und mit der Bühne zum Ballsaal verwandelt werden.

Die Logen reihen sich in vier Bändern hufeisenförmig übereinander, münden in der Mitte in die zweigeschossige, prunkvoll bekrönte Kurfürstenloge und an den Seiten in die säulenflankierten Proszeniumslogen als Bühnentor. Nach strenger Hierarchie war die Parkettloge einst dem Stadtadel, der erste Rang der Hocharistokratie, der zweite dem niederen Adel und der dritte den Hofbeamten vorbehalten.

Verschwenderische Ornamentik in Weiß-Rot-Gold überspielt die Architektur, besonders reich verwendet in den Zonen des ersten Rangs und der großen Logen. Die Fülle geschnitzter Atlanten, Köpfe, Kartuschen, Putten und Embleme unterliegt einem durchdachten Bildprogramm, das die Themen Natur (Jahreszeiten, Landwirtschaft, Gartenbau), Kunst (Musik, Schauspiel) und Mythologie (antike Gottheiten) variiert. Das Theater erlebte viele prunkvolle Inszenierungen von Barockopern, u. a. 1781 die Uraufführung von Mozarts »Idomeneo«.

Eine alliierte Bombe legte das Gebäude 1944 in Schutt und Asche. Da die kostbare Innendekoration vorher ausgelagert worden war, ging der Wiederaufbau nach dem Krieg schnell vonstatten. Der Prachtraum wurde an anderer Stelle, im Apothekenstock der Residenz, im Brunnenhof, eindrucksvoll wiederhergestellt. So ist dieses Gesamtkunstwerk von europäischem Rang heute wieder erlebbar. Nach einer grundlegenden Restaurierung und Modernisierung der Bühnentechnik wurde das Theater 2008 mit Mozarts »Idomeneo« wiedereröffnet.

INFO: In der Münchner Altstadt gelegen. **INFO CUVILLIÉS-THEATER:** Residenzstr. 1, 80333 München, Tel. (089) 29 06 71, www.residenz-muenchen.de, Öffnungszeiten Besichtigung April–Ende Juli, Anfang Sept.–Mitte Okt. Mo–Sa 14–18, So/Fei 9–18 Uhr, Ende Juli–Anfang Sept. tägl. 9–18, Mitte Okt.–März Mo–Sa 14–17, So/Fei 10–17 Uhr, letzter Einlass eine Stunde vor Schließung, Eintritt € 3,50, ermäßigt € 2,50.

gehübschter Bürgerhäuser eingefasst. Im Erdgeschoss »residieren« heute Edelboutiquen. Auch in den sich anschließenden durchgestylten Innenhöfen lässt sich nur mit viel Fantasie mittelalterliches Treiben erahnen.

Nachdem König Max II. zu Beginn seiner Regentschaft zahlreiche unfertige Bauprojekte und einen Haufen Schulden seines nicht freiwillig aus dem Amt geschiedenen Vaters Ludwig I. zu bewältigen hatte, ist die nach ihm benannte **Maximilianstraße** ➡ K8–L10 sein ureigenstes Projekt. Kunsthistoriker vermuten sogar, dass er mit ihrem Bau bewusst in Konkurrenz zu seinem Vorgänger trat: Die Ludwigstraße sollte an Pracht übertroffen werden. Mögen sich die Fachleute über den kunsthistorischen Stellenwert dieses von Friedrich Bürklein zwischen 1856 und 1884 im sogenannten Maximilianstil angelegten Straßenzugs streiten, zweifelsfrei ist er heute mit seinen Niederlassungen international bekannter Mode- und Schmucklabel die Edelmeile der Stadt schlechthin.

Ein Münchner Prunkbau: das Maximilianeum

Zwischen all den Luxusgeschäften und dem Nobelhotel »Vier Jahreszeiten Kempinski« liegen gegenüber ziemlich unauffällig die **Kammerspiele** ➡ L9, das einzige noch im Original erhaltene Jugendstiltheater Deutschlands.

Weit über den Altstadtring hinaus, vorbei an den Gebäuden der Regierung von Oberbayern und dem **Staatlichen Museum für Völkerkunde** ➡ L10, zieht sich der Boulevard bis zum **Max-II-Platz** mit dem pompösen Denkmal des Erbauers der Prachtstraße und findet seinen krönenden Abschluss im **Maximilianeum** ➡ L11 am Hochufer der Isar. In diesem schlossähnlichen Bau hält der bayerische Landtag seine Sitzungen ab. Außerdem ist dort das Elitegymnasium für Hochbegabte aus ganz Bayern untergebracht.

Wer keine Lust hat, die Maximilianstraße wieder zurückzulaufen, kann die Tram bis zum Max-Joseph-Platz nehmen.

Die **Residenzstraße** und die parallel verlaufende **Theatinerstraße** ➡ K/L8 mit ihrem schicken Shoppingcenter **Fünf Höfe** stehen für Eleganz und Lifestyle. Auf der Residenzstraße passiert man die beiden Hauptportale der Residenz mit ihren Löwen. Im Vorbeigehen berühren viele Münchner die blanken Schnauzen der Tiere am unteren Rand der Schilde, die jene in Bronze gegosse-

*Nach dem Vorbild des Konstan-
tinsbogens in Rom konzipiert:
das Siegestor*

nen bayerischen Wappentiere in ihren Pranken halten.
Der Abergläubische hofft auf die Erfüllung seines fast
tonlos gemurmelten Wunsches.

Es ist Ludwig I., der München in eine Kunststadt von
europäischem Rang verwandelt, woraufhin ihr das Etikett »Isar-Athen« verpasst wird. Der Monarch handelt
getreu seinem Motto: »Ich werde aus München eine
Stadt machen, die jeder kennen muss, der Deutschland
kennen will.« Schon als Kronprinz nimmt er regelmäßig
an den Sitzungen zur fälligen Stadterweiterung teil
und ringt seinem Vater Max I. Joseph die Einwilligung
für den Bau der nach ihm benannten **Ludwigstraße** bis
hin zum Dorf Schwabing ab. Bedingt durch die klam-
me Staatskasse muss er das Projekt vorerst sowieso aus
seiner Privatschatulle finanzieren.

Am 5. Mai 1817 wird dem aus Niedersachsen stammenden Leo von Klenze aufgrund eines königlichen
Erlasses der Auftrag zugesprochen. Kaum ist Ludwig I.
zum König proklamiert, muss unverzüglich der bayerische Staat und somit der Steuerzahler für die Baukosten
aufkommen. Mit der Errichtung des Kriegsministeriums
leistet Klenze 1827 dann seinen letzten Beitrag zu dieser Prachtstraße.

Sein Nachfolger, Friedrich von Gärtner, übernimmt ab
der Höhe Theresienstraße die weitere Gestaltung des
Straßenzugs in Richtung Norden. Nach seinen Entwürfen werden die **Bayerische Staatsbibliothek** ➡ H9, die
Ludwigskirche und die **Ludwig-Maximilians-Universität** gebaut. Friedrich von Gärtner markiert jeweils mit

einem monumentalen Bauwerk den Beginn und das Ende dieser Prachtstraße. Für den nördlichsten Punkt der Ludwigstraße konzipiert er im Auftrag Ludwigs I. das **Siegestor** ➡ G9 nach dem Vorbild des Konstantinsbogens in Rom. An den Wänden sind noch immer überdeutlich die Spuren der Zerstörungen während des Zweiten Weltkriegs zu erkennen. »Dem Sieg geweiht, vom Krieg zerstört, zum Frieden mahnend« lautet die Inschrift unterhalb der in Richtung Norden, gen Preußen, fahrenden Quadriga.

Die Feldherrnhalle

Zu Fuß oder per U-Bahn (Linie 3/6) geht es zurück zum **Odeonsplatz** ➡ J8. An den südlichsten Punkt der Prachtstraße setzt Gärtner, inspiriert von der florentinischen Loggia dei Lanzi, die **Feldherrnhalle** ➡ K8. Anstelle antiker Gottheiten sind es in diesem Fall die beiden bayerischen Feldherren Tilly und Wrede, die mit dem Ehrentempel geehrt werden. An der Rückwand des Hallenbaus steht das Denkmal für die bayerische Armee. Mit Hitlers »Marsch zur Feldherrnhalle« am 9. November 1923 erhält der Bau viel später eine tragische Bedeutung.

Blickfang am Odeonsplatz ist die in einem Ockergelb erstrahlende Barockfassade der **Theatinerkirche St. Kajetan**. Als nach zehn kinderlosen Ehejahren Henriette Adelaide von Savoyen endlich schwanger wird, erwirbt

Kolossal: die sienagelbe Fassade der Theatinerkirche

die Kurfürstin gegenüber der Residenz eine Reihe von Bürgerhäusern, um gemäß ihrem Gelübde dort eine Kirche bauen zu lassen. Als der Erbprinz Max Emanuel 1662 das Licht der Welt erblickt, dankt sein Vater, Kurfürst Ferdinand Maria, Gott mit dem Bau dieser Kirche und seiner Frau mit Schloss Nymphenburg.

Den ✦ **Hofgarten** ➡ J/K9 lässt Maximilian I. als nördliche Begrenzung der Residenz im Stil der Renaissance anlegen. Man betritt ihn durch Klenzes **Hofgartentor**. Diese charmante Oase der relativen Ruhe im Innenstadtbereich wird von einem Arkadengang und dem immer noch gewöhnungsbedürftigen Monumentalbau der **Bayerischen Staatskanzlei** ➡ K9 mit ihrer imposanten Kuppel eingefasst. Mittelpunkt der Parkanlage ist der grazile, zwölfeckige Diana-Tempel. Der Hofgarten ist keine museale Sehenswürdigkeit, sondern ein äußerst lebendiges Stück München. Schon beim ersten warmen Sonnenstrahl sind die Plätze auf den gemütlichen Bänken heiß begehrt, vor den Arkaden wird Boule gespielt und in warmen Sommernächten wird manchmal abends argentinischer Tango im Diana-Tempel getanzt.

Zu Beginn des 19. Jahrhunderts wurde als sogenannte Königsauffahrt von der Residenz im Innenstadtbereich zum Sommerschloss der Wittelsbacher, damals weit draußen vor den Toren der Stadt gelegen, die **Brienner bzw. Nymphenburger Straße** ➡ H3–J8 angelegt. Unterbrochen von bedeutenden Platzanlagen zieht sie sich nach dem Königsplatz über einen Kilometer bis weit hinter den Rotkreuzplatz. Stammten die ersten

Klassizistisch: die Glyptothek am Königsplatz

Entwürfe zu diesem Straßenzug noch von Karl von Fischer, übernahm Leo von Klenze seine Fertigstellung.

Der vornehm zurückhaltende **Wittelsbacherplatz** ➡ J8 kann als Entree der königlichen Auffahrt gesehen werden. Lange bevor die ihn umgebenden Palais im Stil der italienischen Renaissance zu repräsentativen Verwaltungsgebäuden von Ministerien und Firmen (Siemens) umfunktioniert wurden, waren sie im Besitz des vermögenden Hochadels. Mittelpunkt des Platzes ist das Standbild Maximilians I. In der Pose des siegreichen Feldherrn reitet der erste bayerische Kurfürst seiner Armee in einer der Schlachten des Dreißigjährigen Krieges voran. Das Denkmal wurde vom bedeutendsten Bildhauer seiner Zeit, dem Dänen Bertel Thorvaldsen, geschaffen und gilt als eines der herausragenden Werke des Klassizismus deutscher Prägung.

Exponat der Glyptothek: Kopf der Athena vom Westgiebel des Aphaiatempels von der Insel Ägina (um 490 v. Chr.)

Von den ursprünglichen Entwürfen eines Karl von Fischer ist nach der rudimentären Rekonstruktion des im Krieg zerstörten **Karolinenplatzes** ➡ J7 kaum noch etwas zu erkennen. Originalgetreu ist lediglich die leicht ansteigende Platzmitte wiederhergestellt worden. Der Obelisk als Blickfang erinnert an die 30 000 bayerischen Soldaten, die als Teil der Grande Armée im Russlandfeldzug Napoleons ihr Leben verloren. Der Obelisk wurde 1835 aufgestellt. Die 29 Meter hohe Konstruktion besteht im Innern aus einem mit einer bronzenen Hülle ummantelten Kern aus Ziegeln. Das Metall dazu stammt von eroberten und später eingeschmolzenen französischen, russischen und österreichischen Kanonen.

Noch als Kronprinz vergibt der spätere Ludwig I. mit dem **Königsplatz** ➡ J6 seinen ersten Großauftrag. Mit dieser Anlage verleiht er seiner Verehrung für das klassische Griechenland nachhaltigen Ausdruck. Nach einigem Hin und Her wird letztendlich der Niedersachse Leo von Klenze mit der Ausführung des Projektes beauftragt. 1816 kann der Grundstein für die **Glyptothek** gelegt werden. In ihren Räumen wird Ludwigs Sammlung antiker griechischer Bildwerke gezeigt, darunter die kostbaren Giebelfiguren von der Insel Ägina, die – erst 1811 ausgegraben – vom Thronfolger umgehend gekauft wurden. Den Museumsbau mit seiner von acht ionischen Säulen getragenen Giebelfront bezeichneten die Münchner damals abfällig als »närrisches Kronprinzenhäuserl«. Dokumentiert ist, dass Ludwig, inspiriert durch seine zahlreichen Italienreisen, im Schein von Fackeln in den Räumlichkeiten zu prächtigen Empfängen einlud. Inmitten der Kunstwerke ließ er sich als kunstsinniger, aber auch eitler Mäzen feiern.

Erst 1838, inzwischen hat Ludwig den Thron bestiegen, wird mit dem Bau des korinthischen Gegenstücks, der **Staatlichen Antikensammlung** ➡ J6, an der Südseite des Platzes begonnen. Statt des inzwischen in Ungnade gefallenen Leo von Klenze wird nun Georg Friedrich Ziebland mit der Konzeption des spätklassizistischen Gebäudes inklusive seiner steilen Freitreppe beauftragt.

Als »Torbau von erhabener Zwecklosigkeit« sah man die **Propyläen** lange Zeit. Mit diesem klassizistischen Bauwerk, das sowohl griechische als auch ägyptische Stilelemente aufweist, wurde der bayerischen Armee, dem griechischen Freiheitskampf und dem Wittelsbacher König Otto von Griechenland, Ludwigs Sohn, ein Denkmal gesetzt.

Gegenüber den Propyläen entwarf Gabriel von Seidl für den Malerfürsten und damaligen Kunstpapst Franz von Lenbach 1887 die ockergelbe Villa im Stil der italienischen Renaissance. Lenbach residierte hier bis 1904 und porträtierte die Prominenz seiner Zeit wie Kaiser Wilhelm I., Bismarck, Ludwig II. oder Richard Wagner. Heute locken die Werke der Künstlergruppe »Der Blaue Reiter« und Arbeiten von Joseph Beuys Besucher aus der ganzen Welt in die **Städtische Galerie im Lenbachhaus** ➡ H6. Dazu gehört der **Kunstbau** mit seinen spannenden Sonderausstellungen im U-Bahn-Zwischengeschoss. ■

Die ockergelbe Villa des Maler-fürsten Franz von Lenbach beherbergt heute die Städtische Galerie im Lenbachhaus

Schwabing, Maxvorstadt

Jugendstilfassaden in Schwabing: in der Franz-Joseph-Straße 19 und der Ainmiller-straße 22

Schwabing beginnt nördlich des Siegestors und lebt zu einem nicht unerheblichen Teil noch immer von seinem doch ziemlich verblassten Ruhm eines Künstlerviertels. Den Grundstein zum legendären Mythos dieses Stadt-teils legten zu Beginn des 20. Jahrhunderts heute be-rühmte bildende Künstler, Literaten und Musiker. Wer sich auf die Spuren der Vergangenheit begeben will, sollte die verkehrsreiche Leopoldstraße verlassen und beiderseits des breiten Boulevards durch die stilleren Nebenstraßen laufen, denn nur dort lassen sich neben den spärlichen Spuren der dörflichen Vergangenheit dieses Stadtteils prächtige mehrstöckige Jugendstil-fassaden entdecken. Wer auf Shopping Wert legt, dem seien die Hohenzollern-, aber auch die Türken-, Schelling- und Amalienstraße ➡ G/H8 hinter der Uni mit ihren zahlreichen ausgefallenen Läden sowie jeder Menge Cafés und Restaurants empfohlen.

Durch die Feilitzschstraße geht es zum **Wedekind-platz** ➡ E10, dem ehemaligen Zentrum Alt-Schwabings. Benannt wurde der Platz nach Frank Wedekind, dem Schriftsteller und Mitbegründer der Satirezeitschrift »Simplicissimus«. Im **Werneckschlössl** (Werneckstr. 24) mit seiner barocken Gartenanlage hatte kurzzeitig Paul Klee ein Atelier gemietet. 1919 versteckte sich hier der sozialrevolutionäre Schriftsteller Ernst Toller vor seinen

Verfolgern und heute dient der charmante Bau Kardinal Reinhard Marx als Residenz. Ein Relikt dörflicher Vergangenheit ist der **Viereckhof** ➡ E11, ein denkmalgeschütztes Bauernhaus aus dem 13. Jahrhundert (Ecke Feilitzsch-/Gunezrainerstr.). Das kleine Palais mit dem auffallenden Säulenportal (Mandlstr. 14) direkt am Englischen Garten ist mit Abstand das stilvollste Standesamt der Stadt. Am Nikolaiplatz steht die großbürgerliche **Seidelvilla** ➡ E/F10 (www.seidelvilla.de). Ihr vielseitiges Kulturprogramm lockt die Besucher mit interessanten Angeboten.

Westlich der Leopoldstraße verstecken sich noch einige hinreißende Jugendstilfassaden, die vor dem Krieg so typisch für Schwabing waren. Ein ganz besonders prächtiges Beispiel ist das in seiner Originalfarbgebung restaurierte **Jugendstil-Wohnhaus** ➡ E8/9 in der Ainmillerstraße 14. Aber auch auf die Fassaden der Häuser Nr. 33 bis 35 und 37 in der Ainmillerstraße sowie des Eckhauses an der Franz-Joseph-Straße 38 sollte man einen Blick werfen.

Mit seinen Verkaufsständen und dem kleinen Biergarten bietet sich der **Elisabethmarkt** ➡ F8 für eine Pause an. Unter Münchnern sehr umstritten: Ab 2020 werden die alten Stände abgerissen und der Markt wird modernisiert. In der Zwischenzeit werden die Händler in Containern unterkommen.

Gleich vor dem Siegestor schreitet der riesige **Walking Man** ➡ G9 des US-amerikanischen Künstlers Jonathan Borofsky Richtung Stadtzentrum. Jenseits des Siegestors geht Schwabing in die Maxvorstadt über. Das lebendige Viertel hinter der Universität verführt mit seinem Kunstareal und den vielen Cafés, Kneipen, Boutiquen, Antiquariaten und Buchhandlungen zu einem ausgiebigen Bummel.

Vieles, was den Mythos Schwabing ausmacht, ereignete sich genau hier. Echte und eingebildete Genies trafen sich bevorzugt im **Café Stephanie** ➡ G9 (Amalienstr. 25, heute Leonardo Boutique Hotel), das später als Café Größenwahn in die Annalen einging. Es war Treffpunkt der Künstlergruppe »Der Blaue Reiter«. Paul Klee lebte und arbeitete eine Zeit lang in der Amalienstraße im Haus Nr. 45, Robert Walser im Haus mit der Nr. 48 und Henrik Ibsen nacheinander in den Häusern Nr. 53 und 97. Viel später zählten der

Die Akademie der Bildenden Künste

Gleich vor dem Siegestor in Schwabing: der »Walking Man« von Jonathan Borofsky

Kabarettist Gerhard Polt (Amalienstr. Nr. 79) und der Regisseur Rainer Werner Fassbinder (Nr. 87) kurzzeitig zu ihren Bewohnern.

Entlang der Schelling-, Amalien- und Türkenstraße brummt das Leben vor allem während des Semesters. Der palastähnliche Gründerzeitbau der nahen **Akademie der Bildenden Künste** ➜ G9 (Akademiestr. 2) prunkt mit seinem gläsernen Erweiterungsbau des bekannten, ursprünglich Wiener Architekturbüros Coop Himmelb(l)au (Berlin).

Zu einer kleinen melancholischen Idylle hat sich der **Alte Nördliche Friedhof** ➜ G7 entwickelt, auf dem seit 1939 niemand mehr bestattet wird. Nicht nur Spaziergänger lieben den uralten Baumbestand. Unter den mächtigen Baumkronen trifft sich so mancher Schwabinger mit seinen Freunden auf einen Schwatz und Jogger drehen ihre Runden.

Rund 52 000 Studenten sind an der **Ludwig-Maximilians-Universität** ➜ G/H9 eingeschrieben, die 2006 mit dem Prädikat »Elite-Uni« ausgezeichnet wurde.

In den Ausstellungsräumen der Pinakothek der Moderne

Vor dem Haupteingang am Geschwister-Scholl-Platz erinnern die ins Pflaster eingelassenen Flugblätter an den Widerstand der beiden Studenten Sophie und Hans Scholl gegen den Nationalsozialismus. Sie hatten die Flugblätter von der Galerie in den Lichthof geworfen. Die kleine **DenkStätte Weiße Rose** ➡ G9 dokumentiert das Schicksal der Widerstandsgruppe um die Geschwister und Professor Kurt Huber.

Jenseits des Haupteingangs der Uni fällt der Blick fast automatisch auf die spitzen Doppeltürme der klassizistischen **Ludwigskirche** ➡ H9 und die sich anschließende Fassade der Bayerischen Staatsbibliothek. Nach Süden verläuft die gedachte Grenze der Maxvorstadt zum Zentrum hin auf der Höhe des beeindruckenden klassizistischen **Königsplatzes** ➡ H/J6 mit den Museen Glyptothek und Staatliche Antikensammlung. Auf dem Weg dorthin erreicht man mit der Tram 27/28 am unteren Ende der Barerstraße das sogenannte Kunstareal mit den weltbekannten Sammlungen seiner drei **5 Pinakotheken** ➡ H7 (Neue Pinakothek bis voraussichtlich 2025 wegen Renovierung geschlossen) und dem **Museum Brandhorst** ➡ H7/8. Hinzukommt der lang gestreckte Neubau, der im Obergeschoss die **Hochschule für Fernsehen und Film** und im Untergeschoss das **Staatliche Museum für Ägyptische Kunst** ➡ H/J7 mit seiner imposanten Sammlung beherbergt.

Haidhausen

Das ehemalige sogenannte Franzosenviertel oberhalb der Isar mit seinen geduckten Häuschen, aber auch hochherrschaftlicher Bausubstanz – zu erkennen an den renovierten Gründerzeitfassaden rund um den Pariser und den Bordeauxplatz – zählt heute mit seinen zahlreichen stilvollen Winkeln zu den begehrten, hochpreisigen innerstädtischen Wohnadressen. Ursprünglich siedelten sich am rechten Isarufer Tagelöhner und Handwerker an, denen die Bürgerrechte und somit das Wohnrecht in der Innenstadt verwehrt waren. Zwischen Maximilianeum, Gasteig und Ostbahnhof boomt seit Jahren eine lebendige Kulturszene, gibt es viele originelle Läden und hippe Szenelokale.

Der **Wiener Platz** ➡ M11 mit seinen kleinen, festen Marktbuden ist der Marktplatz des Viertels und so etwas wie ein Miniableger des Viktualienmarktes. Und der **Hofbräukeller** gleich daneben ist zu jeder Jahreszeit eine der Wallfahrtsstätten bayerischer Gemütlichkeit. Vorbei an der neugotischen Kirche St. Johann Baptist am Johannisplatz erreicht man an der Preysingstr. 58

Eine Institution am Wiener Platz: der Hofbräukeller

das **Üblacker-Häusl** ➤ M12. Dieser geduckte Erdgeschossbau zählt wie schon die Tagelöhnerhäuschen am Wiener Platz 4–6 und An der Kreppe 2A–D zu jenen Herbergen, die im 18. Jahrhundert typisch für das einst so arme Viertel waren. Im Üblacker-Häusl ist noch eine dieser winzigen Tagelöhnerwohnungen zu besichtigen. Gegenüber steht der rund 300 Jahre alte **Kriechbaumhof** (Preysingstr. 71). In dem gekonnt restaurierten Gebäude lebten ursprünglich in bitterer Armut mehrere Handwerkerfamilien, die ihre Wohnungen über Außentreppen erreichten.

Ganz anders ist die Atmosphäre am geräumigen, ovalen Bordeauxplatz. Stattliche mehrstöckige Miethäuser aus der Gründerzeit sorgen hier für eine gewisse vornehme Distanziertheit. Wesentlich lebendiger geht es in den Straßen rund um den **Pariser und Weißenburger Platz** ➤ N11 zu. Und entlang Sedan-, Milch- und Steinstraße lassen sich jede Menge Boutiquen sowie Cafés und Restaurants entdecken.

Im immer noch gewöhnungsbedürftigen, alles beherrschenden Backsteinbau **Kulturzentrum am Gasteig** ➤ M11 am Ende der Rosenheimer Straße ist noch die berühmte Bayerische Philharmonie zu Hause. Der Streit über den geplanten Neubau eines Konzertsaals beschäftigt inzwischen die internationale Musikszene.

Beschließen könnte man den Spaziergang mit einem Besuch des **Müller'schen Volksbads** ➤ M10, einem einzigartigen Jugendstiljuwel.

Der Brunnen am Weißenburger Platz

Gärtnerplatz- und Glockenbachviertel

Blick vom Gärtnerplatztheater auf den gleichnamigen Platz mit dem schönen Blumenrondell

Es waren in den 1980er Jahren die Künstler, die als erste den heruntergekommenen Charme dieses Altstadtviertels entdeckten. Ihnen folgten, wie so häufig, Architekten, Designer und jede Menge Gastwirte. Seit damals gehört das **Glockenbachviertel** ➠ N/M6–8, auch Isarvorstadt genannt, mit seinen ausgeflippten Designerläden und der vielfältigen Gastro-Szene zu den begehrten und damit teuren innerstädtischen Wohnadressen. Die lässig-sympathische Stimmung des Viertels war in der jüngeren Vergangenheit zu einem nicht unerheblichen Teil von seiner Schwulen- und Lesbenszene bestimmt. Sich immer neu zu erfinden gehörte zur Identität des Quartiers. Schleichend lassen sich nun mit Unbehagen die verstärkten Abwanderungstendenzen alteingesessener Bewohner des Stadtteils beobachten. Als Grund werden ständig steigende Mieten und eine noch immer wachsende Kneipendichte mit entsprechendem Lärmpegel genannt.

Die Initiative zum Bau dieses planmäßig angelegten Viertels mit seinen überwiegend spätklassizistischen Gebäudefronten ging von Ludwig I. aus. Die Straße, die dem Viertel ihren Namen gab, die ehemalige Glockenstraße (heute Pestalozzistraße), verdankt diesen der damals dort ansässigen Glockengießerei. Mittelpunkt des Viertels ist der 1866 geschaffene **Gärtnerplatz** ➠ M8, ein städtebauliches Schmuckstück. Seit der vorzüglichen Restaurierung hat sich das unter Denkmalschutz stehende Areal rund um das Blumenrondell mit den vielen Lokalen und Boutiquen wieder zu einem lebendigen, charmanten Platz entwickelt.

Hinter der spätklassizistischen Fassade des **Gärtnerplatztheaters** verbirgt sich der Zuschauerraum, überwölbt von einer zeltähnlichen Decke. In seiner vornehmen Zurückhaltung stellt der Bau ein auf bürgerliche Dimensionen reduziertes »Hoftheater« dar.

Auf der **Klenzestraße** ➡ N/M7/8 locken die reizvollen Auslagen zahlreicher Einzelhandelsgeschäfte und jede Menge kleiner Lokale, bevor man jenseits der Fraunhoferstraße das eigentliche Glockenbachviertel mit ebenso vielen witzigen Boutiquen und engagiert geführten Restaurants erreicht. Kaum jemand wird den vielfältigen Verführungen des üppigen Angebots widerstehen können. Als kleines architektonisches Juwel gelten die unter Denkmalschutz stehenden, prächtigen Gründerzeitfassaden an der **Hans-Sachs-Straße** ➡ N7.

Wie aus der Zeit gefallen liegt nahe dem baumbestandenen, fast dörflichen Westermühlbach, einem der wenigen alten Münchner Wasserwege, der **Alte Südliche Friedhof** ➡ N6. Er ist ein zu Stein gewordenes Prominentenverzeichnis des 19. Jahrhunderts: Berühmtheiten wie Leo von Klenze, Franz von Kobell und Carl Spitzweg haben hier ihre letzte Ruhe gefunden.

Besonders im Sommer ist am Gärtnerplatz viel los

Der Alte Südfriedhof, auch bekannt als Alter Südlicher Friedhof, im Glockenbachviertel

Westend

Dem traditionsreichen Stadtteil im Rücken der mächtigen Bavaria oberhalb der Theresienwiese haftete über Jahrzehnte das Etikett der Schmuddelecke an. Die Schwanthalerhöhe, besser bekannt unter Westend, wurde nach dem Bildhauer Ludwig Michael von Schwanthaler benannt. Der achte Münchner Stadtbezirk besitzt im Gegensatz zu den anderen beschriebenen Vierteln keinen historisch gewachsenen Mittelpunkt. Um 1820 entstanden damals weit draußen vor der Residenzstadt die ersten armseligen Behausungen der Arbeiter, die zu Beginn des Industriezeitalters ihren Lebensunterhalt bei der Bahn verdienten. Die erste Eisenbahnlinie wurde im August 1839 zwischen Augsburg und München in Betrieb genommen. In der Folgezeit siedelten sich dann südlich der Bahngleise kleine und mittelgroße Industrieunternehmen an.

Die tief greifende Umstrukturierung eines der letzten »Glasscherbenviertel« Münchens begann mit der Verlagerung der alten Messe von der Theresienhöhe auf das Areal des ehemaligen Flughafens Riem. Bis auf die unter Denkmalschutz stehenden Messehallen aus dem 19. Jahrhundert – darin ist jetzt das **Verkehrszentrum des Deutschen Museums** ➜ M3 untergebracht – wurde alles abgerissen, das Terrain der Theresienhöhe in das Trendviertel »Theresia« umbenannt und zu einem Wohnquartier mit edlen Büros und Penthousewohnun-

*Kettenkarussell auf dem
Münchner Oktoberfest*

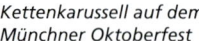

gen umfunktioniert. Nachdem Immobilienhaie ihr gieriges Auge auf die eher sparsam geschmückten Gründerzeitfassaden in der unmittelbaren Nachbarschaft geworfen haben, fürchtet so manch alteingesessener Mieter den Verlust seiner momentan noch bezahlbaren Wohnung.

Zum Vorteil gereicht dem Westend, dass seine Umstrukturierung bislang eher träge vonstatten geht. Noch herrscht ein friedliches Nebeneinander in diesem lässig-lebendigen Viertel. Noch gibt es neben der schlichten bayerischen Eckkneipe den türkischen Imbiss plus Gemüseladen und die griechische Taverne. Dazwischen werden zwar schon die ersten etwas teureren Speiselokale und angesagte Trend-Cafés gesichtet, aber noch existiert der simple Stehausschank mit der Dartscheibe als Nachbarschaftstreffpunkt. Dem ganz speziellen Flair dieses Stadtteils lässt sich am besten in der Gollier-, Ligsalz-, Heimeran- und Kazmairstraße ➜ L/M3 mit ihren zahlreichen Winziglädchen nachspüren.

Mehrmals im Jahr wird es lebendig auf der großen **Theresienwiese** ➜ M/N3/4: Mit dem Frühlingsfest und dem riesigen Trödelmarkt wird die Saison eröffnet. Ende September lockt zwei Wochen lang das Oktoberfest sein Millionenpublikum an. Von morgens 11 bis abends 23 Uhr findet eine faszinierende Demonstration des totalen Konsums, des totalen Vergnügens und des totalen Rausches statt, stets angefeuert durch den Refrain »oans, zwoa, gsuffa«. In der Adventszeit hat sich das stimmungsvolle Tollwood-Winterfestival als kunstvoller Weihnachtsmarkt mit ganz besonderem Flair zu einem Magneten entwickelt.

OKTOBERFEST

München, Bayern

E s ist noch immer das größte Volksfest der Welt: das Oktoberfest in München, das traditionell auf der Theresienwiese stattfindet. Die Zahlen, die die »Wiesn« charakterisieren, dokumentieren ihr gigantisches Ausmaß. Aus der ganzen Welt strömen Jahr für Jahr zwischen sechs und sieben Millionen Besucher auf das rund 30 Hektar große Gelände im Herzen der Bayernmetropole. Und alle haben sie richtig Durst: Im Schnitt verschwinden knapp sieben Millionen Liter Bier in den Kehlen der Wiesn-Fans. Die Besucher vertilgen Hunderttausende Hähnchen und 50 000 Schweinshaxen, lassen auf dem Festplatz knapp 450 Millionen Euro springen.

Das Oktoberfest fand erstmals am 17. Oktober 1810 statt: Anlässlich ihrer Hochzeit am 12. Oktober 1810 veranstalteten Kronprinz Ludwig und Prinzessin Therese auf einer Wiese vor den Stadtmauern Münchens ein großes Pferderennen. Seitdem heißt das Gelände Theresienwiese, daher auch die mundartliche Bezeichnung »Wiesn« für die Großveranstaltung.

Neben zahlreichen Ess-, Spiel- und Trinkbuden bietet der Rummelplatz alles vom Riesenrad über Geisterbahn, Flohzirkus und Achterbahn mit fünf Loopings bis hin zum Freefall, einem Sturzflug aus 42 Metern Höhe.

Insgesamt gibt es auf dem Oktoberfest 16 Großzelte und in den Feiertempeln an der Wirtestraße sind traditionell die sechs großen Münchner Brauereien vertreten. Einige Hallen bieten in ihren Innen- und Außenbereichen Platz für über 10 000 Gäste. Besonders in den späteren Abendstunden wird zumeist ausgelassen gefeiert und zu Stimmungsmusik auf den Bänken getanzt. Dazu werden bayerische Schmankerl von Obatztem bis Hendl serviert.

Und wer sich eine Promi-Sichtung in den Kopf gesetzt hat, muss nicht allzu lange

»O'zapft is!« Das weltgrößte Volksfest, das Oktoberfest, »d'Wiesn«, auf der Theresienwiese.

umherbummeln, sondern wird mit etwas Glück schon im »Hippodrom« gleich am Haupteingang fündig. Dort sind Fußballstars in Lederhosen zu besichtigen und Playmates in Lola-Paltinger-Dirndln an der Champagner-Bar. So ähnlich kann es auch im »Wein« und im berühmten »Käferzelt« am anderen Ende des Rummelplatzes laufen.

Für das Oktoberfest produzieren die Münchner Brauereien ein spezielles Bier (Wiesn-Märzen) mit mehr Stammwürze und damit auch höherem Alkoholgehalt (6–7 %).

INFO OKTOBERFEST: Theresienwiese, 80339 München, www.oktoberfest.de. **REISEZEIT:** 3. Sa im Sept.–1. So im Okt. (16 Tage).

Die mächtige »Bavaria« oberhalb der Theresienwiese

Ein steiler Treppenweg führt hinauf zur mächtigen **Bavaria** ➡ M/N3. Von Juni bis August 1850 wurde der »Koloss von München« in Einzelteilen auf eigens konstruierten, von je 20 Pferden gezogenen Wagen zur Theresienwiese geschafft. An einem klaren Tag gehört der Blick aus ihren Augen über die Stadt zum touristischen Pflichtprogramm. Im Inneren der 18 Meter hohen, mächtigen Schutzgöttin schrauben sich zwei enge Wendeltreppen mit je 126 Stufen durch den noch engeren Hals hinauf in den Kopf. Im Rücken der germanisch-bajuwarischen Riesin im zottigen Bärenfellgewand stehen in der klassizistischen **Ruhmeshalle** die Porträtbüsten bedeutender bayerischer Persönlichkeiten.

Durch den kleinen, idyllischen **Bavariapark** mit seinen Sandsteinfiguren bietet sich ein Kurzspaziergang hinüber zum Verkehrsmuseum an. Der Park ist die grüne Oase des bereits erwähnten Neubauviertels auf dem ehemaligen Messegelände. Mit dem **Wohnturm Park Plaza** am Hans-Dürrmeier-Weg hat der Architekt Otto Steidles dem Quartier einen markanten, farblich unübersehbaren Kontrapunkt verpasst.

Im Schloss Nymphenburg

Neuhausen, Gern, Nymphenburg

Die Nymphenburger Straße stellte einst als »Königs-auffahrt«, die der Bürger nicht benutzen durfte, die Verbindung zwischen der Residenz in der Innenstadt und dem Sommersitz der Wittelsbacher weit drau-ßen vor den Toren der Stadt dar. **Neuhausen, Gern** ➡ cA–cD6–9 und **Nymphenburg** ➡ bA–bE1–5 sind drei eng verzahnte Viertel mit viel Grün und reichlich gepflegter Bausubstanz an oft schmalen und etwas verwinkelten Straßenzügen. Dabei ist Neuhausen ein wenig quirliger als seine stilleren und vornehmeren Trabanten Gern und Nymphenburg.

Der **Rotkreuzplatz** ➡ cD9 ist der geschäftige Mittel-punkt des Stadtteils Neuhausen. Nicht ganz zu Unrecht wird er aufgrund seiner zahlreichen Einzelhandelsge-schäfte und einem überreichen Angebot an Speise-lokalen aller Kategorien als »Stachus von Neuhausen« bezeichnet. An jedem Donnerstag lockt hier ein Bau-ernmarkt.

In der nahen **Volkartstraße** gibt es kleine, originelle Läden zu entdecken. Gleich um die Ecke in der **Orff-** und vor allem in der **Bothmerstraße** ➡ cC9/10 geht es vorbei an nostalgischen Reihenhäusern mit kleinen Vorgärten und prächtigen Fassaden, reich verziert mit Türmchen.

Der kleine Umweg zur Lachnerstraße führt zu einem Neubau der ganz besonderen Art. Umgeben von den Gründerzeitfassaden mehrstöckiger, großbürgerlicher Stuckdeckenhäuser wirkt der mächtige blaue Würfel der **Herz-Jesu-Kirche** ➡ cC9, nach einem Brand 1994 vollständig erneuert, einerseits wie ein Fremdkörper,

Nicht zu übersehen: die Herz-Jesu-Kirche

Die Parkanlagen bei Schloss Nymphenburg

andererseits setzt er einen interessanten architektonischen Kontrapunkt, der noch immer kontroverse Diskussionen herausfordert.

Auf dem Weg zum Schloss Richtung Nymphenburger Schlosskanal lohnt sich der Abstecher über die Gerner Brücke kreuz und quer durch die idyllische Villenkolonie. Die unter Denkmalschutz stehenden Jugendstil-Reihenhäuser an der **Tizian-**, **Magdalenen-**, **Böcklin-** oder **Wilhelm-Düll-Straße** ➡ cA/cB8/9 gehören zu den Aushängeschildern des Viertels.

Der gemütliche Spaziergang entlang der Nördlichen Auffahrtsallee öffnet immer wieder den Blick auf die Prunkfassade des ❻ **Nymphenburger Schlosses** ➡ bB/bC3/4, in dem gleich mehrere Dauerausstellungen besucht werden können. ◼

Jugendstil im Viertel

Zum Glück fielen nicht alle Architekturjuwele der Gründerzeit den Bombenangriffen im Zweiten Weltkrieg zum Opfer. Spaziergänge lohnen sich zu folgenden Adressen: Romanstr. 5, Nibelungenstr. 48, zum Eckhaus in der Aiblinger Str. 33 und den mehrstöckigen Mietshäusern in der Aiblinger Str. 1, 2 und 3. In der Ruffinistraße sind es die Häuser 4 und 6, außerdem sind Orffstr. 4, Volkartstr. 40, 70 und 72, Frundsbergstr. 5, 8 und 12, Leonrodstr. 38–42 sowie Ysenburgstr. 7 und 11 zu empfehlen. Hinzu kommen noch in der Böcklinstraße die Häuser Nr. 34 und 36 sowie die Nr. 7 in der Pilarstr.

Märchenkönig und rauschende Feste

SCHLOSS NYMPHENBURG

München, Bayern

Die Touristen kommen in Scharen, täglich, natürlich auch am Wochenende. Schloss Nymphenburg ist eine der Hauptattraktionen der Stadt. Doch keine Panik: In dem drei Quadratkilometer großen Schlosspark verlaufen sich die Massen. Die ausgedehnte Barockanlage im Westen Münchens wurde als Sommerresidenz der bayerischen Kurfürsten gebaut. In Führungen ist von rauschenden Festen und Empfängen die Rede, von Glück und Leid der Herrscher und ihrer Gemahlinnen, vom barocken Überschwang und von schillernder Repräsentationslust.

Herausragend ist beispielsweise der mehrgeschossige Festsaal mit einem großartigen Deckenfresko von Johann Baptist Zimmermann. Märchenkönig Ludwig II. erblickte 1845 im Schloss das Licht der Welt. Bemerkenswert sind das Geburtszimmer des sagenumwobenen Monarchen sowie die viel bewunderte Schönheitsgalerie seines Großvaters, Ludwigs I., die attraktive Damen aus dem Bürgertum und Adel zeigt. Das wohl bekannteste Portrait stellt Lola Montez dar, eine spanische Tänzerin. Ihre Affäre mit dem König führte u. a. zu seinem späteren Abdanken.

Für das Schloss mit den Gewächshäusern, den Gartenschlösschen Amalien- und Badenburg sowie die Magdalenenklause sollte man sich einen Nachmittag Zeit nehmen. Im linken Gebäudeflügel befinden sich die Sammlung Bäuml mit erlesenen Stücken der 1761 gegründeten Porzellanmanufaktur Nymphenburg und das Marstallmuseum mit den Prunkkutschen der bayerischen Kurfürsten und Könige. Im nördlichen Pavillon ist das Museum Mensch und Natur untergebracht. Nur wenige Gehminuten entfernt findet sich mit dem Botanischen Garten eines der schönsten Biotope Deutschlands.

INFO: Im Münchner Stadtteil Neuhausen-Nymphenburg gelegen. **INFO SCHLOSS NYMPHENBURG:** Tel. (089) 17 90 80, www.schloss-nymphenburg.de, Öffnungszeiten tägl. April–15. Okt. 9–18, 16. Okt.–März 10–16 Uhr (Amalienburg, Badenburg, Pagodenburg, Magdalenenklause im Winterhalbjahr geschl.), Eintritt Schloss € 6, ermäßigt € 5.

Die Nymphenburger Schlossschwäne.

An schönen Tagen begeistert München mit der Alpenkulisse

Juwel im Dreierpack

SCHLOSS SCHLEISSHEIM

Oberschleißheim, Bayern

Gleich im Dreierpack kommen die Sehenswürdigkeiten im Schloss Schleiß-
heim daher. Am Nordrand Münchens, eingebettet in einen sehenswerten
Landschaftspark, ist eine Anlage zu besichtigen, die als Juwel barocker
Schlossarchitektur gilt. Das Neue Schloss Schleißheim wurde im Auftrag des Kurfürsten Max Emanuel (der Blaue Kurfürst) 1701 bis 1704 nach Entwürfen von Enrico Zuccalli begonnen und ab 1719 unter Joseph Effner vollendet.

Da der Kurfürst ein architektonisches Zeichen für seinen Anspruch auf die Königs- beziehungsweise Kaiserkrone setzen wollte, wählte er das Pariser Königsschloss (Louvre) und die Wiener Kaiserresidenz (Schönbrunn) als Vorbilder.

Von dem ursprünglich geplanten monumentalen Vierflügelbau ist nur der Hauptflügel übrig geblieben. Die prunkvolle Innenausstattung schufen bedeutende Künstler wie Johann Baptist Zimmermann, Cosmas Damian Asam und Jacopo Amigoni. Aufgrund seiner herausragenden Akustik eignet sich der Große Saal besonders gut für klassische Konzertveranstaltungen.

*Italienisches Vorbild spürbar: das Neue Schloss Schleiß-
heim in Oberschleißheim.*

Im Schlosspark des Neuen Schlosses liegt auf einer künstlichen Insel das Jagd- und Gartenschloss Lustheim, das Kurfürst Max Emanuel anlässlich seiner Hochzeit mit der Kaisertochter Maria Antonia 1685 erbauen ließ. Gegen Ende des 17. Jahrhunderts fanden hier prunkvolle Feste und Bankette statt. Der Besucher taucht ein in die Atmosphäre dieser Zeit.

Im Festsaal ist vor allem das Deckenfresko von Francesco Rosa hervorzuheben (für einige Jahrzehnte war es das größte der Welt), ebenso die Meißener Porzellansammlung mit schönen Geschirren, Tafelaufsätzen und Tierfiguren.

Das Alte Schloss zählt mit seinen mehr als 200 Räumen und der Wilhelmskapelle zu einem der Hauptwerke des bayerischen Frühbarock. Es wurde von Herzog Maximilian I. anstelle des väterlichen Herrenhauses errichtet und enthält sowohl Elemente der einheimischen wie der italienischen Baukunst. Hier befindet sich auch die Sammlung Weinhold »Zeugnisse der Volksfrömmigkeit«.

INFO: Oberschleißheim liegt ca. 20 km nördlich von München. **INFO SCHLOSS SCHLEISSHEIM:** Schloss- und Gartenverwaltung, Max-Emanuel-Platz 1, 85764 Oberschleißheim, Tel. (089) 31 58 72-0, www.schloesser-schleissheim.de, Öffnungszeiten Di–So April–Sept. 9–18, Okt.–März 10–16 Uhr, Gesamtkarte € 8, ermäßigt € 6.

Bier und Frömmigkeit

KLOSTER ANDECHS

Andechs, Bayern

Auf halber Strecke zwischen Starnberger See und Ammersee liegt das oberbayerische Bierparadies. Es ist weit über die Region hinaus bekannt, weil das Bier in einer Klosterbrauerei gebraut wird. Es ist allerdings gewöhnungsbedürftig, an heißen Sommerwochenenden Tausende Trinkfreudige heranströmen zu sehen, die in einer Mischung aus rustikaler Frömmigkeit und munterer Bierseligkeit unterm Kruzifix eine Maß nach der anderen herunterspülen und sich den Schaum vom Mund wischen.

Der Ammersee, drittgrößter See Bayerns, wird von bewaldeten Moränenhöhen umgeben und verdankt seine Existenz, wie die meisten oberbayerischen Seen, eiszeitlichen Gletschern. Sein Ostufer wurde von Geröllverschiebungen auf 180 Meter aufgetürmt und gilt als »heiliger Berg«. Darauf steht das Kloster Andechs, das im Jahr von etwa 250 000 Pilgern aufgesucht wird, vor allem zu Christi Himmelfahrt und am vierten Sonntag nach Pfingsten. Schon im 10. Jahrhundert stand eine Burg auf dem Berg, zwei Jahrhunderte später herrschten dort die machtbewussten Reichsgrafen von Andechs-Meranien. Im 14. Jahrhundert gründeten wundergläubige Männer das erste Kloster, weil ein Reliquienschatz aus dem Heiligen Land entdeckt worden war; ein Kreuzfahrer hatte ihn von dort mitgebracht. Das Gründungsdatum des heutigen Klosters, einer gewaltigen Anlage, fällt in das Jahr 1438. Die Benediktiner bauten die gotische Hallenkirche; später wurde sie im Stil des Rokoko ausgeschmückt. In der Heiligen Kapelle wird der Klosterschatz gehütet, dazu gehören eine Drei-Hostien-Monstranz (1435) und das Brautkleid der heiligen Elisabeth aus dem Fürstenhaus Andechs-Meranien. Der Komponist Carl Orff (1895–1982), der in der Nähe lebte, wurde in der Kirche beigesetzt.

Die Fastenzeit wird im katholischen Bayern eingehalten, bedeutet aber keinen vollständigen Verzicht: »Fastenbier« ist erlaubt, und weil es sehr nahrhaft ist, werden viele Hektoliter davon in hungrige Mägen gespült. Die Mönchsbrauer produzieren in ihrer technisch hochmodernen Brauerei das dunkle Doppelbock mit sieben Prozent Alkohol. Den muss man vertragen können, wenn man sich am Klosterbier laben will. Ansonsten gibt es die Klosterarznei, eine Apotheke für Naturmittel.

INFO: Andechs liegt 40 km von München entfernt. **INFO KLOSTER ANDECHS:** Bergstr. 2, 82346 Andechs, Tel. (081 52) 3760, www.andechs.de, Führungen nach Voranmeldung **REISEZEIT:** Mai–Okt.

Auf einem Hügel an der Ostseite des Ammersees: Kloster Andechs.

Im Herzen des Pfaffenwinkels

ALTSTADT VON WEILHEIM

Weilheim, Bayern

Oberbayern ist berühmt für seine Klöster, Kirchen und Seen. Den vielen klerikalen Bauten verdankt die Region den Namen Pfaffenwinkel. Im Zentrum dieser reizvollen Gegend liegt Weilheim, ein Ort mit tausendjähriger Geschichte. Bereits im Jahr 1010 findet sich in einer königlichen Urkunde ein Dorf namens »Wilhain«, es ist die erste Erwähnung des heutigen Weilheims. Aus touristischen Gesichtspunkten ist die Lage des Ortes im Alpenvorland perfekt: München ist rund 50 Kilometer, Garmisch-Partenkirchen 45 und die Ammersee-Region 20 Kilometer entfernt. Doch die eigentlichen Vorzüge von Weilheim verbergen sich im Zentrum dieser hübschen Kleinstadt.

Das Prunkstück ist der Marienplatz mit einer prächtigen Mariensäule unmittelbar vor dem Rathaus. Hier befindet sich heute das Stadtmuseum, wo in erster Linie Skulpturen, Handwerksstücke, Möbel, Gemälde und Exponate der Frühgeschichte der Region zu sehen sind. Daher sprechen die Menschen hier auch gerne vom »Museum des Pfaffenwinkels«. Auch zwei original eingerichtete Bauernschlafzimmer sind zu sehen.

Die Altstadt ist zusammenhängend erhalten geblieben, im Krieg wurde nur der Bahnhof zerstört. Auch die Stadtmauer und der heute als Park zugängliche Stadtgraben sind noch erkennbar. Das Stadtbild von Weilheim wird auch durch viele Kirchen geprägt. Besonders sehenswert ist die 1624 bis 1628 von H. Krumpper erbaute Stadtkirche Mariae Himmelfahrt, die Deutschlands größte Barockmonstranz beherbergt. Im Inneren der Kirche befinden sich Stuckarbeiten der Wessobrunner Schule sowie herrliche Fresken, die der Inbegriff barocker Deckenmalerei im süddeutschen Raum sind. Fresken aus dem 15. Jahrhundert sind auch in den Friedhofskirchen St. Salvator und St. Sebastian zu sehen. Ein akustisches Vergnügen bietet das Geläut der Spitalkirche Heilige Dreifaltigkeit, in deren Kirchturm sechs bronzene Glocken einer Innsbrucker Gießerei läuten. In den vergangenen Jahrhunderten wurde Weilheim mehrfach durch Brandkatastrophen in seiner Entwicklung zurückgeworfen. Heute hat der Ort rund 21 000 Einwohner.

INFO: Weilheim liegt ca. 50 km südwestlich von München, 25 km südwestlich von Starnberg und ca. 45 km von Garmisch-Partenkirchen entfernt. **INFO WEILHEIM:** Tourist Information, Admiral-Hippler-Str. 20, 82362 Weilheim, Tel. (08 81) 68 27 31, www.weilheim.de.

Wochenmarkt auf dem Marienplatz in der Altstadt von Weilheim.

Wo die Carmina Burana zu Hause waren

KLOSTER BENEDIKTBEUERN

Benediktbeuern, Bayern

Dies ist eine der Hochburgen des katholischen Christentums. Der heilige Bonifatius war hier, er weihte 750 die erste Kirche auf bayerischem Boden. Vom bereits 739 gegründeten Benediktinerkloster ging eine Alphabeti-

sierungswelle aus, in der Schreib- und Unterrichtsschule wurden Codices verfasst. Berühmte Theologen und Philosophen haben hier gewirkt, aber auch Naturwissenschaftler und Künstler. 1273 fand an diesem Ort die erste Fronleichnamsprozession in Bayern statt. Und weil 1803 bei der Säkularisierung des Klosters in der Bibliothek die Carmina Burana entdeckt wurden, eine Sammlung von Vagantenliedern aus dem 13. Jahrhundert, konnte später der Komponist Carl Orff ins Spiel kommen: Er vertonte 1936 die Liedsammlung und verschaffte ihr damit Weltruhm.

Klosterkirche Benediktbeuern.

Benediktbeuern, nicht nur eines der ältesten, sondern auch schönsten deutschen Klöster, baut sich auf vor der imposanten Kulisse der Benediktenwand (1081 m) im Alpenvorland. Man sitzt mit einer Maß Bier und einer Brezen unter Apfelbäumen und hört aufgeregten Ausflüglern mit Gamsbart am Hut zu. Zweitürmig ist die Kirche, die Wandpfeilerhalle mit Emporen und doppelgeschossigem Chor, erschaffen vom Weilheimer Baumeister Kaspar Feichtmayr im Stil des italienischen Hochbarock (1686). Viel Stuck, Fresken, Rokokoschmuck und dekorative Plastiken.

Das Kloster überstand mehrere verheerende Brände und wurde danach umso schöner ausgeschmückt. Nach der Säkularisierung 1803 lebte der Optiker und Physiker Joseph von Fraunhofer in Benediktbeuern, arbeitete als Werkmeister einer Glashütte, entdeckte »seine« Linien, die bedeutsam für die Entwicklung der Spektralanalyse waren, und stellte das schlierenfreie Flintglas her. Das renommierte

Fraunhofer-Institut trägt seinen Namen. 1930 wurde die Anlage von den Salesianern Don Boscos erworben, die hier eine Theologische Studienanstalt einrichteten; daraus ging die Philosophisch-Theologische Hochschule Benediktbeuern hervor. Rund 600 Studierende lernen hier. In den ehemaligen Klosterräumen ist neben anderen Einrichtungen religiöser Bildung, Wissenschaft und Erziehung auch eine Jugendherberge untergebracht, spezialisiert auf Klassenfahrten, Jugendfreizeiten und Exkursionen in die bayerische Bergwelt.

INFO: Benediktbeuern liegt ca. 60 km von München entfernt. **INFO KLOSTER BENEDIKTBEUERN:** Don-Bosco-Str. 1, 83671 Benediktbeuern, Tel. (088 57) 880, www.kloster-benediktbeuern.de, Teile sind tagsüber frei zu besichtigen, andere sind nur im Rahmen einer Führung zugänglich.

BUCHHEIM MUSEUM DER PHANTASIE

Bernried, Bayern

Bernried gilt als die Schönheitskönigin am Starnberger See. Neben idyllischen Bauernhäusern, Alleen, Obstgärten und einem kleinen Kloster ist dort auch die Kunst zu Hause: im »Museum der Phantasie«, in dem u. a. die

wahrhaft sehenswerte Expressionistensammlung des Schriftstellers, Verlegers und Künstlers Lothar-Günther Buchheim (1918–2007) – Autor des Bestsellers »Das Boot« – gezeigt wird. Der gebürtige Chemnitzer besaß am Starnberger See schon seit seinen Studienjahren in München ein Domizil, hier starb er auch. Betreiber des Museums ist die Buchheim Stiftung.

Schon der erste Blick auf das Museumsareal ist malerisch: Vom Parkplatz aus fällt er auf Skulpturen und Pagoden, die sich im Höhenrieder Park am Ufer des Starnberger Sees verteilen. Der Kern der legendären Buchheim-Sammlung mit Gemälden, Aquarellen, Zeichnungen und Druckgrafiken befindet sich in den nördlich gelegenen Hallen. In den beiden mehrstöckigen Türmen des Museums sind die volks- und völkerkundlichen Sammlungen und eine Ausstellung mit eigenen Werken Buchheims zu besichtigen.

Werke der Nach-Expressionisten Otto Dix und Max Beckmann, die zu den Klassikern der Moderne zählen, stehen im Zentrum der Dauerausstellung. Auch die künstlerische Entwicklung der »Brücke«-Maler Kirchner, Heckel, Pechstein und Schmidt-Rottluff ist mit Grafiken und Aquarellen dokumentiert. Außerdem kann sich der Besucher bei einem Rundgang genauso von bayerischer Volkskunst wie auch von Kunsthandwerk aus Afrika inspirieren lassen.

Das Besondere an dem Ausstellungskonzept liegt darin, dass hier Kunst präsentiert wird, die sonst nur in verschiedenen Museen zu sehen wäre. Das macht den Besuch abwechslungsreich,

Kunstwerk für Fußball-Fans am Museum der Phantasie in Bernried.

denn es entsteht ein spannender Dialog zwischen der Kunst der Expressionisten und ihren Inspirationsquellen aus Afrika und der Südsee. Konzerte, Lesungen, Theater, Filmvorführungen, Vorträge sorgen für lebendigen Kulturgenuss.

In der Museumswerkstatt kann man selbst zum Künstler werden. Für bleibende Erinnerungen sorgt der Museumsshop mit Plakaten, Büchern und Souvenirs.

INFO: Bernried liegt am Westufer des Starnberger Sees. **INFO BUCHHEIM MUSEUM DER PHANTASIE:** Am Hirschgarten 1, 82347 Bernried, Tel. (081 58) 99 70 20, www.buch heimmuseum.de, Öffnungszeiten Di–So 10–18, Nov.–März bis 17 Uhr, Eintritt € 9,50, ermäßigt € 5. Besonders schön ist die Anfahrt zum Museum mit dem Museumsschiff »Phantasie« quer über den Starnberger See (Juni–Sept.; Reservierung erforderlich unter Tel. 081 51-80 61). **REISEZEIT:** Mai–Okt.

ALTSTADTENSEMBLE VON WASSERBURG AM INN

Wasserburg am Inn, Bayern

Das Örtchen Wasserburg am Inn lässt sich am besten mit etwas Abstand betrachten. Vom gegenüberliegenden Steilufer bietet sich ein malerischer Blick auf die vom Inn fast vollständig umschlossene Altstadt. Eine Halbinsel mit faszinierenden Bauwerken, überragt von der Burg der Hallgrafen.

Mit einem kurzen Blick lassen sich die vielen Sehenswürdigkeiten natürlich nicht erfassen. Hierzu eignet sich am besten ein Spaziergang durch die Altstadt. Durch seine strategisch günstige Lage erhielt Wasserburg schon im Mittelalter beträchtliche Bedeutung. Im Jahre 1257 eroberte Herzog Ludwig die Stadt, seitdem ist sie im Besitz der Wittelsbacher. Wasserburg profitierte vor allem vom Salzhandel. An der Kreuzung einer der wichtigsten Landstraßen mit der Wasserstraße Inn gelegen, war Wasserburg ein bedeutender Umschlagplatz für Waren aus dem Balkan, Österreich und Italien. Es entstanden zahlreiche repräsentative Prachtbauten.

Am sogenannten Kernhaus gegenüber dem Rathaus ist eine der schönsten Rokokofassaden Süddeutschlands zu bewundern. Im Jahr 1738 hat der berühmte Stuckateur Johann Baptist Zimmermann durch eine einheitliche Stuckdekoration die mittelalterlichen Patrizierhäuser der Familie Kern zusammengefasst. Die Stadt Wasserburg erwarb das Kernhaus im Jahr 1795 und nutzte es als Stadtrichterhaus. Heute befindet sich in einem Teil ein modernes Justizgebäude und in dem anderen ein Hotel.

Eines der bedeutendsten Kunstwerke liegt ein wenig versteckt in der Kirche des Heiliggeist-Spitals. Der Gebäudekomplex stammt aus dem 14. Jahrhundert, im Hochaltar befindet sich ein holzgeschnitztes Altarbild aus der Zeit um 1500 mit der Darstellung des

Inmitten der großen Schleife des Inn liegt das mittelalterliche Stadtensemble von Wasserburg.

Pfingstwunders. Das Heiliggeist-Spital diente bis 1970 durchgehend sozialen Zwecken.

Einen Besuch wert sind auch das Rathaus mit seinen markanten Doppelgiebeln, außerdem die Pfarrkirche St. Jakob mit ihrer Renaissancekanzel, die Rote Brücke, das Brucktor und natürlich die Burg der Hallgrafen. In einem spätgotischen Handelshaus ist ein Museum zur Stadtgeschichte untergebracht.

INFO: Wasserburg am Inn liegt ca. 65 km südöstlich von München. **INFO WASSERBURG AM INN:** Tourist Information, Marienplatz 2, 83512 Wasserburg am Inn, Tel. (080 71) 105 22, www.wasserburg.de. **INFO MUSEUM WASSERBURG:** Herrengasse 15, Wasserburg, Tel. (080 71) 92 52 90, Öffnungszeiten Di–So Mai–Sept. 13–17, Okt.–Anfang Jan., Feb.–April 13–16 Uhr, Eintritt € 2,50, Kinder € 1.

Tausendjähriges Bier

BAYERISCHE STAATSBRAUEREI WEIHENSTEPHAN

Freising, Bayern

Wer waren die ersten Bierbrauer in Deutschland? Natürlich die Mönche! Und zwar die Benediktiner von Weihenstephan, die im Jahr 1040 die älteste Brauerei der Welt gründeten. Ihrem Abt Arnold war es gelungen, der Stadt Freising das Brau- und Schankrecht abzuluchsen. Wenngleich vermutet wird, dass die Mönche auch zuvor schon heimlich Bier angesetzt hatten, durfte von nun an offiziell gebraut werden.

Hoch über der Stadt Freising auf dem Nährberg thront das alte Kloster auch heute noch. Von hier bietet sich ein atemberaubender Blick auf die oberbayerische Hochebene und die entfernt liegenden Alpen. Die Bayerische Staatsbrauerei Weihenstephan, vor beinahe 1000 Jahren Klosterbrauerei der Benediktinermönche, dann Königlich Bayerische Staatsbrauerei, ist heute als Regiebetrieb des Freistaats Bayern ein modernes, nach privatwirtschaftlichen Maßstäben geführtes Unternehmen. Eine einzigartige Verbindung von Tradition und moderner Wissenschaft begründet die Identität der beliebten Biere.

Abendstimmung an der Bayerisches Staatsbrauerei in Freising.

An der Fachhochschule Freising, die am Fuße des Weihenstephaner Bergs liegt, gibt es den Studiengang »Brauwesen«. Organisatorisch gehört er zur Technischen Universität (TU) München. Die Fachhochschule hat eine eigene Versuchsbrauerei. Hier wird fast ausschließlich zu Lehrzwecken gebraut, ungefähr zwölf Hektoliter pro Woche. Die Absolventen der Bieruniversität können natürlich Braumeister werden.

Es versteht sich von selbst, dass in Weihenstephan auch heute noch das Reinheitsgebot von 1516 Grundlage allen Handelns ist. Hopfen, Gerste, Wasser und Hefe – mehr kommt nicht in die Flasche oder ins Fass. Helles, Dunkles und Weißbier, zwölf verschiedene Biersorten werden in Weihenstephan hergestellt. Ein Drittel der Produktion geht ins Ausland. Von Australien über Brasilien, von Malaysia bis in die USA – nahezu weltweit sind die Biere zu bekommen.

Die Brauerei bietet einstündige Führungen an, der Rundgang beginnt mit einem Besuch des Museums »Zum Ursprung des Bieres«. Anschließend geht's u. a. ins Sudhaus und in den Lagerkeller.

INFO: Freising liegt 33 km nordöstlich von München in Oberbayern. **INFO BAYERISCHE STAATSBRAUEREI WEIHENSTEPHAN:** Alte Akademie 2, 85354 Freising, Tel. (081 61) 53 60, www.weihenstephaner.de, Führungen nach Anmeldung Mo–Mi 10, Di auch 13.30 Uhr, Eintritt € 8, mit Verkostung € 11.

» Die Badewannen Münchens «

STARNBERGER-, AMMER-, PILSEN-, WÖRTH- UND WESSLINGERSEE

Fünf-Seen-Land, Bayern

Fünf Seen haben der Region ihren Namen gegeben: Starnberger See, Ammersee, Pilsensee, Wörthsee und Wesslingersee. Eingebettet in eine Postkartenlandschaft aus sanften Hügeln, verspielten Schlösschen und urigen Bauerndörfern laden sie zum Baden, Segeln, Surfen und Angeln ein. Die majestätische Kulisse der Bayerischen Alpen wusste schon der Märchenkönig Ludwig II. zu schätzen. Und auch seine Großcousine, die österreichische Kaiserin Elisabeth, Kosename »Sisi«, kam immer wieder in ihre Heimat zurück.

Ausflugslokal am Starnberger See.

In dem kleinen Villenort Berg am Ufer steht ein schlichtes Holzkreuz, das sich im Wasser des Starnberger Sees spiegelt. Hier ertranken unter bis heute ungeklärten Umständen am 13. Juni 1886 König Ludwig II. und sein Psychiater Dr. von Gudden – einen Tag nachdem der König auf Neuschwanstein für unmündig erklärt und abgesetzt worden war. Der Starnberger See schlängelt sich lang und schmal durch die aus eiszeitlichen Moränen gebildete bergige Landschaft – nur 20 Minuten von München entfernt. Er ist nach dem Chiemsee der zweitgrößte See Bayerns. Bei einer Rundfahrt mit den Dampfern der Bayerischen Seenschifffahrtsflotte können Besucher langsam an Villen und Uferlandschaften vorbeigleiten. Die gut 50 Kilometer lange Uferstraße rund um den See ist zum großen Teil für Autos gesperrt, dafür haben Radler freie Fahrt.

Nicht so elegant wie am Starnberger See, sondern eher gemütlich ist die Atmosphäre am Ammersee. Seebäder und Liegewiesen laden zum Baden ein. Die am südlichen Ufer gelegene unbewohnte Schwedeninsel gehört zum Naturschutzgebiet Vogelfreistätte Ammersee-Südufer. Im Herbst halten sich hier bis zu 15 000 Zugvögel auf.

Auch die drei kleineren Seen – der beschauliche Wörthsee, der romantische Pilsensee und der idyllische Wesslingersee – sind beliebte Ausflugsziele und Naherholungsgebiete. Besucher können das Fünf-Seen-Land auf 220 Kilometern Wander- und 300 Kilometern Radweg erkunden. Gaststätten und Biergärten laden zu einer Brotzeit und einer Maß Bier ein – oft mit Blick auf die malerischen Alpengipfel.

INFO: Das Fünf-Seen-Land liegt südwestlich von München, bis Starnberg sind es von München etwa 30 km. **INFO FÜNF-SEEN-LAND:** Tourist Information, Hauptstr. 1, 82319 Starnberg, Tel. (081 51) 906 00, www.starnbergammersee. de. **INFO SCHIFFFAHRT STARNBERGER SEE:** Nepomukweg 4, Starnberg, Tel. (081 51) 80 61, www.seenschifffahrt.de, Saisonbeginn im April. **INFO SCHIFFFAHRT AMMERSEE:** Landsberger Str. 81, 82266 Inning, Tel. (081 43) 940 21, www.seenschifffahrt.de, Saisonbeginn im April. **REISEZEIT:** Frühsommer bis Herbst.

Boot am Ammersee

Einladend: Der Märchenbazar wird jedes Jahr liebevoll gestaltet

Weihnachtliches München:
Der Märchenbazar

Rund 130 Weihnachts- und Christkindlmärkte gibt es in und rund um München. Neben den bekannten im Zentrum hat fast jeder Stadtteil seinen eigenen Markt mit einem individuellen Flair. Ein etwas alternativeres Weihnachtserlebnis bietet der Märchenbazar am Leonrodplatz im Stadtteil Neuhausen. Dank nostalgischer Jahrmarktsbauten und selbst gezimmerter Verkaufsbuden hat er einen besonders urigen Charme.

Viele Besucher stammen aus der Nachbarschaft und das Publikum ist eher jung und alternativ, Touristen trifft man selten an. Auf dem Märchenbazar dreht sich vieles um Nachhaltigkeit und Umweltbewusstsein. Regionale Anbieter werden unterstützt und fair produzierte Artikel zum Kauf angeboten.

An den knapp 40 Ständen bieten Künstler, Handwerker und Gastronomen eine bunte Mischung aus Handwerkskunst, Geschenkartikeln, Souvenirs und ausgefallenen Leckereien zum Kauf an. Ein Großteil der Aussteller sowie Veranstalter und Zeltbetreiber kommen selbst aus der Gegend und freuen sich über die Möglichkeit, mit dem Märchenbazar einen ganz

Tipp: Besonders beliebt bei Münchnern ist das klassische Weißwurstfrühstück, das jeden Samstag und Sonntag ab 11 Uhr veranstaltet wird – und zwar so lange, bis alle Würstel aufgegessen sind.

besonderen Weihnachtsmarkt für ihr Stadtviertel zu gestalten. Ein Highlight ist jedes Jahr das Lagerfeuer.

Neben traditioneller bayerischer Küche werden auch internationale Köstlichkeiten angeboten. Zur Auswahl stehen beispielsweise vegane Döner, indische Gerichte oder auch Falafel. Dazu gibt es selbst hergestellten Obstbrand, Kakao mit Rum, heiße Cocktails und natürlich jede Menge Glühwein.

Wer gern nach ausgefallener Kleidung stöbert, ist auf dem Märchenbazar richtig. Von Lederwaren über Ponchos, Handschuhe und Mützen bis hin zu selbst gemachtem Schmuck gibt es hier nichts, was es nicht gibt. Neben den klassischen Verkaufsständen finden sich auch einige ganz spezielle Buden, zu denen der Tauschladen gehört. Tauschen statt Kaufen ist das Motto, das das nachhaltige Grundprinzip des Märchenbazars perfekt widerspiegelt.

Abgerundet wird das Angebot durch ein kostenloses Kunst- und Kulturprogramm. Es besteht aus Gesang, Akrobatik, Zauberkunst, Theater, Kabarett und einem Musikprogramm, das sich sehen lassen kann. Besonders empfehlenswert ist die Livemusik am Abend; auch Newcomer können hier beweisen, was in ihnen steckt. Von Afro Jazz und Indie über Balkanmusik bis hin zu Swing und Rock ist für jeden Geschmack etwas dabei.

Auch Kinder kommen auf ihre Kosten. Im großen Zirkuszelt können sie sich im Kerzenziehen versuchen, kostenlos basteln, den Bauchredner Werner besuchen oder der Märchenstunde mit einer Mondgöttin lauschen. Spannend ist auch der Upcycling-Schmuckworkshop, bei dem Kinder und Erwachsene gemeinsam Schmuck und andere Kunstwerke aus Alltagsabfällen, kaputten Elektrogeräten oder anderen recycelbaren Materialien herstellen können. ▬

REISEBLOG
München

Gut zu wissen: Zwar ist der Märchenbazar gut besucht, doch nie überfüllt. So findet sich hier immer ein Plätzchen zum Aufwärmen.

Eine bunte Mischung: Buden und Zelte, Kulinarisches und Schönes

Märchenbazar ➡ E3
Dachauer Str. 114, am Leonrodplatz
Neuhausen
80992 München
www.maerchenbazar.de
29. Nov.–29. Dez. Mo–Do 16–23, Fr 16–1,
Sa 11–1, So 11–21, 25./26. Dez. 12–23 Uhr,
24. Dez. geschlossen
Eintritt frei

München vom Dach aus gesehen:
Café im Vorhoelzer Forum

In München gibt es viele bekannte Aussichtspunkte, so den Turm der Peterskirche (Alter Peter), den Olympiaturm oder den Friedensengel. Besonders am Wochenende haben sie alle aber eines gemeinsam: Touristenmassen und oft lange Wartezeiten. Wer kostenlos und ohne Anstehen eine tolle Sicht auf die Stadt genießen möchte, sollte deshalb einmal im Café im Vorhoelzer Forum auf dem Dach der Technischen Universität München (TUM) vorbeischauen.

Im Café sind Wände, Stühle und Lampen ganz in schlichtem Weiß gehalten. Spektakulärer geht es dagegen auf der Terrasse zu. Hier eröffnet sich ein atemberaubender Ausblick über ganz München. Von der Frauenkirche über die Pinakotheken, die Theatinerkirche, das Rathaus und den Olympiaturm ist alles zu sehen, die Gäste haben beinahe einen Rundumblick. Bei einem leckeren Essen oder einem Getränk lässt sich entspannt die Aussicht genießen. Herrscht Föhn, reicht der Blick sogar bis zu den Alpen. Es lohnt sich also, für den Besuch einen sonnigen Tag abzuwarten.

Für Erstbesucher ist das Café im Vorhoelzer Forum nicht ganz einfach zu finden. Um auf das Dach der TUM zu gelangen, nimmt man vom Haupteingang aus den ersten Gang links bis ganz nach hinten. Von dort aus geht es rechts durch eine Glastür ins seitliche Treppenhaus. Hier befindet sich ein Lift, mit dem man in den fünften Stock direkt ins Café hinauffahren kann.

Das Ambiente ist zwanglos und zum Klientel gehören in erster Linie Studierende. Wer einen Liegestuhl

Mit einem reichhaltigen Frühstück kann man gut in den Tag starten

REISEBLOG
München

auf der Sonnenterrasse ergattert, kann den Ausblick besonders entspannt genießen. Dafür ist es sinnvoll, am Vor- oder Nachmittag vorbeizukommen, wenn die meisten Studierenden bei Veranstaltungen sind. Mittags ist dagegen oft viel los und die Sitzgelegenheiten auf der Terrasse werden schnell knapp.

Die Auswahl auf der schwarzen Wandkarte ist eher klein und bestellt wird am Tresen. Sowohl Essen als auch Getränke sind dafür sehr lecker und hochwertig zubereitet. Zudem sind die Preise nach wie vor sehr fair. Meistens stehen eine Suppe und ein Tagesgericht auf der Karte. Zusätzlich werden verschiedene Snacks wie Panini, Muffins oder Kuchen angeboten. Auch die Baristas geben sich viel Mühe und zaubern neben leckerem Kaffee auch mal ein Tiermotiv oder sogar das eigene Gesicht in den Cappuccino-Schaum.

Von 9 bis 12 Uhr werden verschiedene Frühstücksteller angeboten – beispielsweise Weißwürste mit Brezen und süßem Senf, die große Vorhoelzer Spezialplatte (mit Bagel, Frischkäse, Lachs, Käse, Tomaten, Gurken, Guacamole, Wurst und Ei) oder ganz bodenständig die Käse- und die Wurstplatte.

Tipp: Manchmal treten im Café am Vorhoelzer Forum abends DJs und Bands auf. Dann ist die Stimmung besonders gut.

Ein echtes Highlight ist der Brunch am Wochenende. Von 9 bis 14 Uhr gibt es ein Bändchen für das Handgelenk, mit dem man sich am Buffet bedienen kann. Hier ist für jeden etwas Passendes dabei: Gebäck, Lachs, Mozzarella mit Tomaten, Weichkäse auf Birnen, Birchermüsli mit Himbeeren und leckeres Bio-Rührei. Früh kommen lohnt sich, denn zum Brunch sind die Plätze auf der Terrasse bei gutem Wetter schnell besetzt. Im Preis inbegriffen ist auch ein halber Liter Saftschorle. Tee und Kaffee kosten extra.

Alkohol gibt es im Café im Vorhoelzer Forum unter der Woche erst ab 17 Uhr. Für einen Sprizz, einen Vorhoelzer Kir oder ein Feierabendbier trifft man sich deshalb am besten zum Sundowner auf der Terrasse. Im Winter wird außerdem Glühwein ausgeschenkt. ▬

Café im Vorhoelzer Forum ➡ H7
Arcisstr. 21, Maxvorstadt, 80333 München
✆ (01 63) 152 47 58
www.ar.tum.de/en/vf/cafe
Tägl. ab 9 Uhr, Mai–Aug. bis 22, Sept./Okt. und März/April bis 21, Nov.–Feb. bis 18 Uhr

Der Ausblick vom Gipfel des Olympiabergs ist großartig

München vom Berg aus gesehen:
Der Olympiaberg

Zu den bekanntesten Aussichtspunkten in München gehört der Fernsehturm im Olympiapark. Wer den nicht ganz günstigen Eintritt sparen möchte, bekommt gleich nebenan einen kostenlosen und ebenso schönen Ausblick geboten, und zwar vom Gipfel des Olympiabergs in 56 Metern Höhe. Dabei reicht die Sicht nicht nur über das Olympiagelände mit seiner beeindruckenden Zeltdach-Architektur, sondern ganz München ist zu sehen und bei schönem Wetter zeichnen sich sogar die Alpen am Horizont ab.

Der Olympiaberg wurde ursprünglich aus den Trümmern und Ruinen des Zweiten Weltkriegs aufgeschüttet. Zwischen 1948 und 1957 entstand so einer der höchsten Punkte Münchens, der später auch als Austragungsort für Sportveranstaltungen diente, etwa für den Weltcup-Parallelslalom. Der Gipfel kann aus verschiedenen Richtungen bezwungen werden. Zum Teil sind die Routen relativ steil, einige sind aber zu Fuß oder mit dem Fahrrad bequem zu nehmen. Auch Fotografen haben den Olympiaberg längst für sich entdeckt: An klaren Tagen lassen sich spektakuläre Sonnenauf-

und -untergänge fotografisch festhalten und bei einer Mondfinsternis oder in einer Sternschnuppennacht findet hier ein kleiner Fotografentreff statt.

Die perfekte Aussicht auf das Olympiazentrum machen sich auch Musikliebhaber gern zunutze. Wenn Stars im Olympiastadion Konzerte geben, kann es auf dem Gipfel richtig voll werden, denn dann kommen Zaungäste bepackt mit Decken und Getränken, um von oben den Klängen der Musik zu lauschen. Die Akustik am Gipfel ist super und die Stimmung einmalig.

Wenn das Feuerwerk an Silvester oder beim jährlichen impark Sommerfestival gezündet wird, verwandelt sich der Olympiaberg ebenfalls in eine voll besetzte Tribüne. Zu schön ist es, die tanzenden Lichter des Feuerwerks vor der beeindruckenden Kulisse der Stadt zu beobachten.

Zudem ist einer der schönsten Biergärten Münchens auf dem Olympiaberg beheimatet. Die Olympia Alm ist der höchste Biergarten der Stadt. Nach dem anstrengenden Aufstieg können Gäste hier eine kühle Halbe oder einen Kaffee trinken und sich auch stärken. Auf der Karte stehen verschiedene bayerische Spezialitäten und Kleinigkeiten wie Brezen oder Kuchen. Besonders gefragt sind die legendären Spareribs. Für diese nimmt mancher Münchner am Wochenende gern den Aufstieg in Kauf.

Im Winter wird auf der Olympia Alm auch Glühwein ausgeschenkt. Der schmeckt besonders gut, wenn man sich vorher beim Schlittenfahren ausgetobt hat. Denn wenn der Schnee an kalten Tagen hoch genug ist, verwandelt sich der Berg in eine der beliebtesten Rodelbahnen der Stadt. ▬

Tipp: In der warmen Jahreszeit finden Sommerfeste, der Tanz in den Mai, Oktoberfestpartys und andere Veranstaltungen auf der Olympia Alm statt.

Olympiaberg ➡ C4
Im Olympiapark
Spiridon-Louis-Ring, 80809 München
www.olympiapark.de
Immer zugänglich, Eintritt frei

Olympia Alm ➡ C4
Auf dem Olympiaberg
Martin-Luther-King-Weg 8, 80809 München
℗ (089) 300 99 24, www.olympiaalm.de
Tägl. 10–22 Uhr

FC Bayern München live:
Säbener Straße

Für viele Fußballfans erfüllt sich in München ein großer Traum: Einmal ein Heimspiel des FC Bayern in der Allianz Arena erleben. Falls das Budget jedoch nicht ausreicht, gerade kein Fußballspiel stattfindet oder die Tickets ausverkauft sind, gibt es auch eine kostenlose Alternative. Wer die Fußballstars nur einmal live und in Farbe erleben möchte, kann in München ganz offiziell bei ihrem Training in der Säbener Straße in Giesing zusehen. Denn der FC Bayern hehört zu den wenigen europäischen Top Clubs, die ihren Fans regelmäßig und kostenlos die Gelegenheit geben, beim Training zuzusehen. In der Regel werden die öffentlichen Trainingseinheiten einmal oder mehrmals pro Woche angeboten. Und die Münchner machen von diesem Angebot gern Gebrauch: Die Tribüne ist meist voll und die Stimmung beinahe so gut wie bei einem richtigen Fußballspiel.

Einlass ist eine Stunde vor Trainingsbeginn. Es darf nur der offizielle Eingang zum Trainingsgelände über

Beim FC Bayern München in der Säbener Straße

die Klausener Straße (neben dem Hallenbad Giesing-Harlaching) genutzt werden. Maximal dürfen 2400 Besucher beim Training zusehen. Zwar kommt es eher selten vor, dass das Gelände nach Erreichen der Kapazitätsgrenze geschlossen wird, doch ist es empfehlenswert, rechtzeitig zum Einlassbeginn vor Ort zu sein. Auf dem Gelände informiert dann der Ordnungsdienst, auf welchem Platz das Training stattfindet.

Gut zu wissen ist auch, dass in den warmen Monaten vor Trainingsbeginn das Spielfeld bewässert wird. In der Nähe des Zauns kann es dann je nach Wetterlage und Standort schnell ungemütlich werden. Wer nicht nass werden und dennoch so nah wie möglich am Geschehen sein möchte, sollte eine Regenjacke im Gepäck haben. Das gilt insbesondere für Rollstuhlfahrer, denn diese haben – genau wie die Kids-Club-Mitglieder – einen speziell ausgewiesenen Bereich mit besserer Sicht direkt am Zaun.

Dass man den einen oder anderen Fußballstar persönlich kennenlernt, kommt auf dem Trainingsgelände leider eher selten vor. Nach dem Training werden im Normalfall keine Autogramme geschrieben und die Spieler ziehen sich direkt in die Umkleideräume zurück.

Dafür können die Fans den Fußballnachmittag ganz typisch bayerisch im Biergarten ausklingen lassen: Direkt am Trainingsgelände befindet sich der Paulaner Treff des Münchner Sternekochs Alfons Schuhbeck. Hier werden unter anderem belegte Semmeln, Nürnberger Würstel und natürlich Schuhbecks berühmte Currywurst mit Pommes angeboten. Wer sich von seiner Maß nicht trennen mag, hat übrigens auch vom Biergarten aus eine gute Sicht auf die Trainingsplätze. ▬▬

Tipp: Die Trainingszeiten können sich schon mal kurzfristig ändern. Deshalb ist es empfehlenswert, vor dem Besuch noch einmal einen Blick in den Kalender auf der offiziellen Website zu werfen. Hier werden alle Termine und Änderungen bekannt gegeben.

Trainingsgelände Säbener Straße ➡ aE4
Säbener Straße 51–57, Giesing, 81547 München
✆ (089) 69 93 10, https://fcbayern.com/de/club/
saebener-strasse/besucher-info
Öffnungszeiten vgl. Website, Eintritt frei

Paulaner Treff ➡ aE4
Säbener Str. 51, 81547 München
✆ (089) 64 24 93 49, https://fcbayern.com/de/club/
saebener-strasse/paulaner-treff
Geöffnet ab 1 Std. vor bis 1 Std. nach dem Training

Surfen in München:
Eisbach und Floßlände

München ist ein Eldorado für eine Sportart, die in Deutschland bisher eher unbekannt ist. Die Rede ist vom Flusssurfen, einer Art des Wellenreitens, bei der sich Surfer auf stehenden oder selten auch auf Gezeitenwellen messen. Zum Flusssurfen braucht es eine starke Strömung, damit sich der Surfende mit seinem Board über Wasser halten kann. Wichtig ist auch, dass das Wasser ausreichend tief ist und die stehende Welle gleichmäßig aufgebaut wird.

Diese Bedingungen sind weltweit nur selten zu finden. In München gibt es allerdings gleich mehrere Spots, an denen Flusssurfen möglich ist. Unter Surfern weltweit bekannt ist die stehende Welle im Eisbach direkt beim Haus der Kunst. Wer sich das Spektakel einmal ansehen möchte, gesellt sich einfach zu der Meute von begeisterten Zuschauern, die sich Tag für Tag auf der Brücke versammelt.

Auf der stehenden Welle am Eisbach reiten erfahrene Surfer aus der ganzen Welt

Das Flusssurfen an der Eisbachwelle wurde im Sommer 2010 im Rahmen des Grundstückstauschs zwischen dem Bundesland Bayern und der Landeshauptstadt München legalisiert. Diese Erlaubnis gilt allerdings nur für erfahrene Flusssurfer und auf die Einhaltung dieser Regel wird vor Ort streng geachtet. Zum einen ist Flusssurfen alles andere als ungefährlich – bei einem Sturz besteht Verletzungsgefahr und die starke Strömung kann eine echte Herausforderung darstellen. Zum anderen möchten die Einheimischen vermeiden, dass zu viele Touristen ihren Spot nutzen und die Wartezeiten immer länger werden. Denn es kann immer nur eine Person auf der Welle surfen, sodass sich am Einstieg regelmäßig eine Schlange bildet.

Den meisten Besuchern genügt es deshalb vollkommen, der Show als Zuschauer beizuwohnen. Wer etwas länger zusehen möchte, packt sich am besten ein kleines Picknick ein und sucht sich ein schönes Plätzchen zwischen den Bäumen des Englischen Gartens. Baden ist hier aufgrund der Strömung allerdings nicht erlaubt.

Wer es dennoch einmal mit dem Flusssurfen versuchen möchte, kann in München auf eine weit weniger bekannte Alternative ausweichen. Die Rede ist von der stehenden Welle an der Floßlände. Hier treffen sich all diejenigen, die der Eisbachwelle als Touristenattraktion und den ständig klickenden Kameras nichts abgewinnen können. Die Floßlände liegt ein wenig außerhalb der Innenstadt im Münchner Süden und nur wenige Schaulustige verirren sich hierher.

Damit ist die Floßlände auch ein guter Spot für all jene, die sich zum ersten Mal auf eine stehende Welle wagen oder ihre Fähigkeiten verbessern möchten. Hier übt man ohne neugierige Touristen und genervte Blicke der anderen Surfer. Anders als am Eisbach kann an der Floßlände aus technischen Gründen jedoch nicht das ganze Jahr über, sondern nur während der Floßsaison zwischen Mai und Anfang Oktober gesurft werden.

Durch die stehenden Wellen hat sich in München eine aktive Surferszene etabliert, in der die Liebe zum Wasser weit abseits des Ozeans einen hohen Stellenwert hat. Da gibt es zum Beispiel das Café Santo Loco mit integriertem Surfshop in der Eisenmannstraße. Hier treffen sich Surfer aus München und der Welt, um sich bei Tee und Kaffee über ihr Hobby auszutauschen. Wer möchte,

Gut zu wissen: Die Münchner Surferszene trifft sich fast das ganze Jahr über an der Eisbachwelle. Auch bei eisigen Temperaturen sieht man oft Flusssurfer – dann mit dicken Neoprenanzügen – auf der Welle balancieren.

kann sich im Shop auch mit Equipment eindecken, ein Surfboard für die stehende Welle ausleihen oder sein eigenes Board reparieren lassen.

In Kooperation mit dem WWF Deutschland findet in regelmäßigen Abständen das Fluss-Film-Festival in München statt. In eindrucksvollen Bildern bekommen Besucher hier sowohl die Schönheit der Flüsse als auch deren Gefährdung vor Augen geführt. Ebenfalls sehenswert ist der preisgekrönte Film »Keep Surfing« aus dem Jahr 2010, der die Geschichte der Eisbachsurfer mitreißend erzählt. ▬

Stehende Welle am Eisbach ➡ J10
Prinzregentenstraße, Lehel
80538 München
www.eisbachwelle.de
Immer zugänglich, Eintritt frei

Stehende Welle an der Floßlände ➡ aE4
Thalkirchner Brücke, Thalkirchen
81379 München
Flusssurfen möglich: Tägl. Mai–Mitte Sept. 14–18, im Juni bis 19, Mitte Sept.–Anfang Okt. 15–18 Uhr
Eintritt frei

Santo Loco ➡ L7
Eisenmannstraße 4, Innenstadt, 80331 München
℡ (089) 23 22 59 25, www.santoloco.com
Mo–Fr 9–20, Sa 10–18 Uhr

Weniger bekannt: Flusssurfen an der Isar

Museum

Muh|seum

Moos|eum

Museen des Bezirks Oberbayern
Freilichtmuseum Glentleiten
Freilichtmuseum Donaumoos
Museum Inn-Salzach-Klinikum
kelten römer museum manching
Deutsches Hopfenmuseum Wolnzach
Bauernhausmuseum Amerang
Holztechnisches Museum Rosenheim
Holzknechtmuseum Ruhpolding
Psychiatrie-Museum des Klinikums München-Ost

Soziales | Gesundheit | Bildung | Kultur | Umwelt | Heimat

bezirk oberbayern

Museen, Kirchen, Architektur und andere Sehenswürdigkeiten

Museen

Ägyptische Kunst, Staatliches Museum ➡ H7
Gabelsbergerstr. 35
Tram 27/28: Karolinenplatz, Bus 100: Pinakothek, U2/8: Königsplatz
℡ (089) 28 92 76 30
www.smaek.de
Tägl. außer Mo 10–18, Di bis 20 Uhr
Eintritt € 7, bis 18 J. frei, So € 1
Über eine breite Freitreppe oder die breite Rampe erreicht der Besucher die fast mystisch wirkenden, lang gestreckten Räume mit ihren wunderbaren, nach Themen präsentierten Exponaten. Assoziationen an die Königsgräber sind durchaus beabsichtigt.

Im Ägyptischen Museum sind die Exponate wirkungsvoll in Szene gesetzt

Antikensammlung, Staatliche ➡ J6
Königsplatz 1
U2/8, Bus 100: Königsplatz, Tram 27/28: Karolinenplatz
✆ (089) 28 92 75 02
www.antike-am-koenigsplatz.mwn.de
Tägl. außer Mo 10–17, Mi bis 20 Uhr
Eintritt € 6 (mit Glyptothek), unter 18 J. frei, So € 1
Gezeigt werden antiker Goldschmuck sowie Kleinplastiken aus Bronze und Terrakotta. Interessant sind auch die Exponate zur etruskischen Kunst.

Bayerisches Nationalmuseum ➡ J11
Prinzregentenstr. 3, U4/5: Lehel, Tram 16, Bus 100: Nationalmuseum/Haus der Kunst
✆ (089) 211 24 01
www.bayerisches-nationalmuseum.de
Tägl. außer Mo 10–17, Do bis 20 Uhr
Eintritt € 7, bis 18 J. frei, So € 1
Zählt zu den größten europäischen Museen für bildende Kunst und Kulturgeschichte. Als einzigartig gilt die großartige Barock- und Rokokoausstellung auf 1500 m².

Bier-Oktoberfest-Museum ➡ L9
Sterneckerstr. 2, S1–8, U3/6: Marienplatz
✆ (089) 24 23 16 07
www.bier-und-oktoberfestmuseum.de
Di–Sa 13–18 Uhr, Eintritt € 4/2,50
Hier erfährt man eine Menge über das Lieblingsgetränk der Bayern und über die Geschichte des größten Volksfestes der Welt. Im angeschlossenen »Museumsstüberl«, einem der ältesten Häuser der Stadt, gibt es ein frisches Bier vom Fass. Ein Stück der alten Stadtmauer aus dem Jahr 1340 ist im Gastraum zu besichtigen.

 BMW-Museum ➡ A5
Am Olympiapark 1
U3, Bus 173: Olympiazentrum
✆ (089) 125 01 60 01
www.bmw-museum.com
Tägl. außer Mo 10–18 Uhr
Eintritt € 10/7, Familie (bis 5 Pers.) € 24,
Gruppenkarte (mindestens 5. Pers.) € 9/Pers.,
BMW Welt frei

Die Ausstellung »100 Masterpieces« im BMW-Museum

Dreirädriges aus der Nachkriegszeit im BMW-Museum: die BMW Isetta

Briefmarke Geschwister Scholl

Nach einer umfangreichen Renovierung wurde das Museum aus dem Jahr 1973 in der glänzenden silbernen Schüssel im Juni 2008 wieder eröffnet. Gezeigt werden mehr als 125 Originalexponate aus der langjährigen Unternehmensgeschichte.

DenkStätte Weiße Rose ➡ G9
Lichthof der LMU, Geschwister-Scholl-Platz 1
U3/6, Bus 68/153/154: Universität
✆ (089) 21 80 56 78
www.weisse-rose-stiftung.de
Mo–Fr 10–17, Sa 11.30–16.30 Uhr
Eintritt frei
Die ständige Ausstellung informiert den Besucher über Leben und Wirken der Geschwister Scholl und ihres Freundeskreises. Eine Präsenzbibliothek und Hörstationen vermitteln ein umfassendes Bild von den Aktivitäten der Geschwister, die ihren Kampf gegen den Nationalsozialismus mit dem Leben bezahlen mussten.

Deutsches Jagd- und Fischereimuseum ➡ L7
Neuhauser Str. 2
S1–8, U3/6: Marienplatz, U4/5: Karlsplatz (Stachus)
✆ (089) 22 05 22
www.jagd-fischerei-museum.de
Tägl. 9.30–17, Do bis 21 Uhr
Eintritt € 5/2,50
Allein die Location ist eine Sehenswürdigkeit: In der ehemaligen Augustinerkirche erwarten den Besucher eine umfangreiche Trophäensammlung, historische Jagdwaffen sowie jede Menge Tierpräparate und Gemälde.

In der DenkStätte Weiße Rose

❼ Deutsches Museum ➡ N9
Museumsinsel 1, S1–8: Isartor, Tram 17: Deutsches Museum, Bus 132: Boschbrücke
✆ (089) 217 93 33, www.deutsches-museum.de
Tägl. 9–17 Uhr
Eintritt € 14/4,50 (6–17 J.), Kombiticket mit Flugwerft und Verkehrsmuseum € 21
Die größte naturwissenschaftlich-technische Sammlung der Welt wird bei laufendem Betrieb für 400 Mio. Euro bis 2025 von Grund auf saniert (vgl. auch S. 165).

Technische Pionierleistungen

BMW MUSEUM

München, Bayern

Das auch als Salatschüssel oder Weißwurstkessel bekannte silbern-futuristische Gebäude ist zu einem Wahrzeichen Münchens geworden. Zusammen mit dem angrenzenden Flachbau beheimatet es die BMW Welt, die zugleich Ausstellungs-, Auslieferungs- und Erlebnisstätte sowie Museum ist. Das Museum bietet eine spannende Zeitreise durch die Vergangenheit, Gegenwart und Zukunft des Automobilherstellers BMW.

Zu sehen sind Motoren und Turbinen, Motorräder und Fahrzeuge in den unterschiedlichsten Variationen. Neben aktuellen und älteren, kleinen wie großen Ausstellungsstücken finden sich extravagante Studien aus den letzten 20 Jahren. Aktuelle Prognosen richten den Blick in die Zukunft. Ziel der Museumsmacher ist es, den Besuchern nicht nur die zahlreichen historischen Exponate zu präsentieren, sondern durch die Begegnung mit spannenden Darstellungen rund um Mobilität, Kommunikation und Gesellschaft zu faszinieren.

Das 1972 eröffnete Museum wurde in den Jahren 2004–08 aufwendig umgebaut. Der Flachbau, in dem sich die Dauerausstellung befindet, ist nun mit der sogenannten Museumsschüssel, dem markanten Bau in Form einer Silberschale, verbunden. Die Dauerausstellung, die sich über rund 4000 Quadratmeter erstreckt, umfasst sieben Ausstellungshäuser sowie den Bereich Visionen, wo alternative Antriebsformen im Mittelpunkt stehen. Sie zeigt ausgewählte BMW Roadster sowie immer mindestens eines der von internationalen Künstlern gestalteten BMW Art Cars. Die Ausstellungshäuser präsentieren sieben Themenblöcke: Design, Firmengeschichte, Motorräder, Technik, Motorsport, Werbung, Baureihen. Hinzu kommen Wechselausstellungen. Zusammen mit dem BMW-Auslieferungszentrum, der

Die markanten »Vierzylinder« der BMW-Konzernzentrale ragen über hundert Meter in den bayerischen Himmel.

Werksführung, Gastronomie und Shops ist das Museum Teil der neuen BMW Welt, die die Bedeutung des Unternehmens als Weltkonzern widerspiegeln soll.

INFO: In München-Milbertshofen gelegen. **INFO BMW WELT:** Am Olympiapark 1, 80809 München, Tel. (089) 125 01 60 01, www.bmw-welt.com/de, Öffnungszeiten Museum Di–So 10–18, letzter Einlass 17.30 Uhr, Eintritt € 10, ermäßigt € 7.

Welttechnologie in knapper Form

DEUTSCHES MUSEUM

München, Bayern

D as größte, älteste und vollständigste Museum seiner Art weltweit umfasst jeden denkbaren Aspekt naturwissenschaftlicher und technischer Entwicklung. Vorführungen und interaktive Medien präsentieren Bereiche

Auf einer Insel in der Isar: das Deutsche Museum München.

wie Musik, Luft- und Raumfahrt, Fotografie, Physik, Textil und vieles mehr. Für Kinder und Erwachsene gleichermaßen faszinierend ist die Fülle an Ausstellungsstücken zum Mitmachen.

Hier einen ganzen Tag in Gesellschaft historischer Originale zu verbringen ist ein Leichtes: z. B. Deutschlands erstes U-Boot (erbaut 1906), die erste elektrische Lokomotive (Siemens, 1879), der Labortisch, auf dem die erste Atomspaltung stattfand, und Dutzende Automobile, u. a. der erste Benz von 1886. Unter den weiteren unbezahlbaren Artefakten findet man einen echt erscheinenden Nachbau der spanischen Altamira-Höhlen: eine Botschaft aus der Steinzeit, zu finden in der Abteilung für Kommunikation zwischen modernen Medien von Funk bis zur IT.

Die Luft- und Raumfahrt scheint, geht man von den Besucherzahlen aus, eine der beliebtesten Abteilungen zu sein. Hier sind verschiedene Pionierflugzeuge ausgestellt, vom StandardTyp-A der Gebrüder Wright, 1909 in den USA gefertigt, bis hin zu Militärflugzeugen der 1930er und 1940er Jahre. Der Abschnitt zur Raumfahrt reicht von frühen Versuchen auf diesem Feld, etwa Hitlers V-2, Codename A4, bis zu den aktuellsten Spacelab-Ausstellungen.

INFO: Auf der Museumsinsel im Zentrum von München gelegen. INFO DEUTSCHES MUSEUM: Museumsinsel 1, 80538 München, Tel. (089) 217 93 33, www.deutsches-museum.de, Öffnungszeiten tägl. 9–17 Uhr, Eintritt € 14, ermäßigt € 4,50, einige Bereiche werden bis 2025 modernisiert.

Deutsches Museum, Flugwerft Schleißheim ➡ aA4
Effnerstr. 18/Ferdinand-Schulz-Allee
85764 Oberschleißheim, S1: Freising/Oberschleißheim
℅ (089) 315 71 40
www.deutsches-museum.de
Tägl. 9–17 Uhr, Eintritt € 7/3 (6–17 J.), Familien € 15
In der historischen Flugwerft stehen neben den rund
60 eigenen Flugobjekten während der gegenwärtigen Sanierung des Stammhauses u. a. auch die Lock-
heed F-104 und der Starfighter.

*Die marmorne »Medusa
Rondanini« in der Glyptothek
(um 440 v. Chr.)*

Deutsches Museum, Verkehrszentrum ➡ M3
Am Bavariapark 5, U4/5: Schwanthalerhöhe
℅ (089) 500 80 67 62
www.deutsches-museum.de
Tägl. 9–17 Uhr, Eintritt € 7/3, Familien € 15
In den denkmalgeschützten Hallen dreht sich alles
um die Mobilität. Zu sehen gibt es neben historischen
Straßenbahnen, Fahrrädern und Bergbahnen auch die
ersten Autos und Motorräder. Eines der Prunkstücke
ist ein pinkfarbener Cadillac aus den 1950er Jahren.

Glyptothek ➡ H/J6
Königsplatz 3, U2/8, Bus 100: Königsplatz
℅ (089) 28 92 75 02
www.antike-am-koenigsplatz.mwn.de
Wiedereröffnung nach Sanierung voraussichtlich Mitte
2020
Hauptwerke der Sammlung sind die Giebelfiguren des
Aphaiatempels von Ägina und Porträts griechischer Philosophen und römischer Kaiser.

Haidhausen-Museum ➡ aD5
Kirchenstr. 24, U4/5: Max-Weber-Platz
℅ (089) 448 52 92
https://haidhausen-museum.mux.de
Mo–Mi 17–19, So 14–17 Uhr, Eintritt frei
Heinrich der Löwe ließ im Jahr 1158 die Isarbrücke bei
Föhring, über die seinerzeit die Salzstraße führte, zer-
stören und gab einen neuen Flussübergang bei München, und zwar in Haidhausen, in Auftrag. Mit diesem
Schachzug gelang es ihm für München den einträgli-
chen Wegezoll zu kassieren. Die ständige Ausstellung
des Museums beschäftigt sich mit der Entwicklung des

Das Jüdische Museum zeigt interessante Wechselausstellungen, so Anfang 2019 »Sieben Kisten mit jüdischem Material«

Stadtteils bis heute. Komplementiert wird das Angebot durch interessante Wechselausstellungen.

Haus der Kunst ➡ J10
Prinzregentenstr. 1, Tram 16, Bus 100: Nationalmuseum/ Haus der Kunst, U4/5: Lehel
℡ (089) 21 12 71 13
www.hausderkunst.de
Tägl. 10–20, Do bis 22 Uhr
Eintritt variiert je nach Ausstellung, 1. Do im Monat 18–22 Uhr frei
Das ehemalige »Haus der Deutschen Kunst«, gebaut während des Nationalsozialismus, punktet heute mit großen Präsentationen, die vorrangig zeitgenössische internationale Kunst zum Thema haben.

Jüdisches Museum ➡ M7
St.-Jakobs-Platz 16, S1–8, U3/6: Marienplatz
℡ (089) 23 39 60 96
www.juedisches-museum-muenchen.de
Tägl. außer Mo 10–18 Uhr
Eintritt € 6, unter 18 J. frei
Das Museum ist Teil des Gemeindezentrums mit der Synagoge. Die Dauerausstellung gibt Einblicke in die jüdische Geschichte und Kultur Münchens. Es lädt ein zu einer offenen Auseinandersetzung mit den unterschiedlichsten Themenbereichen.

Kunsthalle der Hypo-Kulturstiftung ➡ K8
Theatinerstr. 8, U3–6, Bus 100/153: Odeonsplatz
℡ (089) 22 44 12
www.kunsthalle-muc.de
Tägl. 10–20 Uhr, Eintritt variiert je nach Ausstellung
Großartige wechselnde Kunstausstellungen, die seit 1985 immer wieder für regen Diskussionsstoff in der Szene sorgen.

Lenbachhaus, Städtische Galerie im ➡ H6
Luisenstr. 33
U2/8, Bus 100: Königsplatz, Tram 27/28: Karolinenplatz
℡ (089) 23 33 20 29
www.lenbachhaus.de
Di 10–20, Mi–So 10–18 Uhr
Eintritt € 10/5, unter 18 J. frei

Villa mit internationalem Ruf

STÄDTISCHE GALERIE
IM LENBACHHAUS

München, Bayern

V om Malerfürsten Franz von Lenbach (1836–1904) geplant, ist die im toskanischen Stil errichtete Villa insbesondere für die Sammlung »Der Blaue Reiter« mit Werken von Kandinsky, Klee, Münter, Marc und Macke international bekannt. Allein von Kandinsky hängen mehr als 90 Ölbilder an den Wänden.

Eine weitere Sammlung umfasst Gemälde der sozialkritisch orientierten Künstler wie George Grosz, Christian Schad und Otto Dix aus dem Berlin der 1920er Jahre, deren Stil als Neue Sachlichkeit charakterisiert wird. Bekannt ist das Haus auch für die Münchner Malerei, darunter Werke von Lovis Corinth, Carl Spitzweg und Franz von Lenbach selbst, der die pompös ausgestattete Villa auch bewohnte. Seine Witwe hatte das Haus 1924 an die Stadt München verkauft, was mit der Schenkung des Inventars verbunden war. 1929 konnte das Museum dann eröffnet werden, ergänzt durch Anbauten von Franz Grässel.

Durch viele Schenkungen (u. a. von Gabriele Münter anlässlich ihres 80. Geburtstages 1957)

wuchs die Galerie und wurde zu einem wichtigen Ausstellungsort der Klassischen Moderne.

Als sie schließlich aus allen Nähten platzte, entwarf Architekt Uwe Kiessler unterhalb des Königsplatzes, in unmittelbarer Nähe zur Villa, den Kunstbau München – eine aufregend schöne Kunsthalle, 110 Meter lang und 14 Meter breit. 1994 wurde sie mit einer Installation von Dan Flavin eröffnet. Seitdem wurden dort zahlreiche Ausstellungen von der Klassischen Moderne (Marc, Picasso, de Chirico) über zentrale Themen (Kampf der Geschlechter, Pygmalions Werkstatt, Schattenrisse, Geschichten des Augenblicks) bis hin zu aktuell diskutierten Künstlern (Richter, Geiger, Flavin, Wall, Trockel) gezeigt.

Seit 2002 verbindet der Museumsplatz als weitere Ausstellungsfläche das Lenbachhaus mit dem Kunstbau. Hier werden jährlich ein bis zwei Projekte zeitgenössischer Künstler realisiert. Die aktuell letzte Veränderung erfuhr das Lenbachhaus in einer vierjährigen Umbauphase bis Mai 2013. Das Haus wurde unter der Leitung des renommierten Architekturbüros foster + partners modernisiert. So hat auch der neue Sammlungsschwerpunkt zu Joseph Beuys nun seinen Platz gefunden.

INFO: In der Maxvorstadt gelegen. **INFO STÄDTISCHE GALERIE IM LENBACHHAUS:** Luisenstr. 33, 80333 München, Tel. (089) 23 33 20 29, www.lenbachhaus.de, Di 10–20, Mi–So 10–18 Uhr, Eintritt € 10, ermäßigt € 5, unter 18 J. frei.

Wassily Kandinskys »Impression III (Concert)« (1911) in der Städtischen Galerie im Lenbachhaus (München).

Städtische Galerie im Lenbachhaus und Kunstbau München

»Ich gedenke mir einen Palast zu bauen, der das Dagewesene in den Schatten stellen wird«, schrieb Franz von Lenbach 1885. Noch heute ist die ockerfarbene Villa des Malerfürsten mit dem liebevoll angelegten Garten ein Kleinod mitten in der Stadt am Königsplatz.

Grundstock der Sammlung ist das umfangreiche Lebenswerk des Künstlers. Hinzu kommt die einzigartige ständige Sammlung mit Werken des »Blauen Reiters« (Kandinsky, Klee, Marc, Macke, Münter u. a.). Außerdem werden Werke von Joseph Beuys gezeigt. Zudem hochkarätige Wechselausstellung im Zwischengeschoss des U-Bahnhofs.

Münchner Stadtmuseum ➡ L8

St.-Jakobs-Platz 1, S1–8, U3/6: Marienplatz
℡ (089) 23 32 23 70, www.muenchner-stadtmuseum.de
Tägl. außer Mo 10–18 Uhr
Eintritt € 7, Dauerausstellungen € 4, unter 18 J. frei
Gezeigt werden neben 400 Exponaten zur Münchner Geschichte u. a. die Sammlung Puppentheater und Schaustellerei, eine Ausstellung zum Nationalsozialismus in München, die Sammlung Musikinstrumente sowie eine Fotosammlung.

Das Münchner Stadtmuseum am St.-Jakobs-Platz

Warhol meets Bavaria

MUSEUM BRANDHORST

München, Bayern

Joseph Beuys, Andy Warhol und Damien Hirst sind nur einige der Namen, die selbst ausgemachten Kunstmuffeln ein Begriff sind. Über 700 Werke dieser und anderer Vertreter der modernen und zeitgenössischen Kunst umfasst die Sammlung, die im 2009 eröffneten Museum Brandhorst präsentiert wird.

Ursprünglich in Privatbesitz des Sammlerehepaares Anette und Udo Brandhorst, befinden sich die Exponate heute in einem modernen Museumsbau, der auf dem Kunstareal der Münchner Maxvorstadt erbaut wurde und von den Bayerischen Staatsgemäldesammlungen betrieben wird. Das vom Berliner Architekturbüro Sauerbruch Hutton konzipierte Gebäude ist dabei mit seinen bis zu neun Meter hohen weißen Wänden und den hellen Holztreppen bereits ein Architekturkunstwerk für sich.

Standen zunächst europäische Nachkriegsmoderne und klassische Avantgarde – vertreten u. a. durch Pablo Picasso – im Sammelinteresse des Paares, so verlagerte sich der Schwerpunkt zunächst auf zeitgenössische westdeutsche Künstler wie Gerhard Richter, Sigmar Polke, Georg Baselitz oder Joseph Beuys und schließlich auf Kunst aus den Vereinigten Staaten. Über 170 Werke von Cy Twombly, einem der amerikanischen Vertreter des Abstrakten Expressionismus, sind so zusammengekommen und weltweit einmalig. Seinen Fotografien, Gemälden und Skulpturen ist in der Ausstellung eine gesamte Etage gewidmet.

Auch die weit über 100 Werke Andy Warhols suchen in ihrer Zusammenstellung in Europa ihresgleichen, denn sie umfassen sämtliche Schaffensperioden des Pop-Art-Protagonisten, von seinen frühen Zeichnungen aus den 1950er Jahren bis hin zu seinen Werkgruppen zur Glamourkultur der 1980er Jahre. Weitere Vertreter des Amerika-Fokus der Exponate sind Dan Flavin, John Chamberlain und Richard Tuttle.

Von der Lounge im Obergeschoss des Museums können Kunstliebhaber einen Blick auf die benachbarten Pinakotheken werfen.

INFO: In München-Maxvorstadt gelegen.
INFO MUSEUM BRANDHORST: Kunstareal München, Türkenstr. 19, 80333 München, Tel. (089) 238 05 22 86, www.museum-brandhorst. de, Öffnungszeiten Di–So 10–18, Do bis 20 Uhr, Eintritt € 7, ermäßigt € 5, So € 1.

Cy Twomblys lyrischem »Rosen«-Zyklus (2007–08) widmet das Museum Brandhorst einen eigenen Raum.

Museum Brandhorst ➡ H8
Türkenstr. 19
Tram 27/28, Bus 100: Pinakotheken/Brandhorst
✆ (089) 238 05 22 86, www.museum-brandhorst.de
Tägl. außer Mo 10–18, Do bis 20 Uhr
Eintritt € 7, bis 18 J. frei, So € 1

Die private Sammlung von Udo und Anette Brandhorst umfasst mehr als 700 Werke prominenter Künstler des 20. und 21. Jh. 1999 vermachte das Ehepaar seine Privatsammlung dem Freistaat. Im Gegenzug übernahm Bayern die Kosten für den beeindruckenden Neubau des Berliner Architektenbüros Sauerbruch Hutton. Spektakulär ist schon die Fassade: Sie besteht aus 36 000 verschiedenfarbigen Keramikstäben.

Die Brandhorsts interessierten sich für bildende Kunst und für Literatur. Somit galt ihre Aufmerksamkeit Werken, die der Zusammenarbeit von Malern und Dichtern gewidmet ist. Etwa den 112 von Picasso illustrierten Büchern, alles Originalausgaben, die einen Höhepunkt der Sammlung darstellen. Zu sehen sind auch Werke von Cy Twombly und Andy Warhol.

Museum Brandhorst: hinter der bunten Fassade mit 36 000 Stäben verbirgt sich die Kunstsammlung von Udo und Anette Brandhorst

Museum Mensch und Natur ➡ bB4
Schloss Nymphenburg (Nordflügel), Maria-Ward-Str. 1
Tram 17, Bus 51/151: Schloss Nymphenburg
✆ (089) 179 58 90, www.mmn-muenchen.de
Di/Mi, Fr 9–17, Do 9–20, Sa/So/Fei 10–18 Uhr
Eintritt € 3,50, unter 18 J. frei, So € 1
Dieses Museum lässt sich locker mit dem Ausflug hinaus nach Schloss Nymphenburg verbinden. Die Entstehung der Erde, geologische Prozesse, aber auch Erkenntnisse zur Genforschung oder Ernährungsphilosophie werden hier auf lebendige Weise thematisiert.

Museum Villa Stuck ➡ K12
Prinzregentenstr. 60
Tram 17, Bus 100: Villa Stuck
✆ (089) 455 55 10, www.villastuck.de
Tägl. außer Mo 11–18, erster Fr im Monat auch 18–22 Uhr (Eintritt frei), Eintritt € 9/4,50
In den historisch-repräsentativen Räumen der Jugendstilvilla des Künstlers Franz von Stuck hängen bedeutende Werke des Malerfürsten. Hinzu kommen interessante Wechselausstellungen.

» Erschreckend großartig «

VILLA STUCK

München, Bayern

Sie ist die Grande Dame unter den deutschen Künstlermuseen. Die Villa Franz von Stucks wurde von seinen Zeitgenossen als eine moderne, wenn auch eigenwillige Sensation gefeiert. Auf der Pariser Weltausstellung 1900 zeichnete man die Möbel, die der Künstler eigens für sein Haus entworfen hatte, mit einer Goldmedaille aus. Das opulente palastartige Hauptgebäude und der Atelierbau wurden als außergewöhnliche Verschmelzung von Klassizismus und Jugendstil gefeiert, damals revolutionär wie die Speer schleudernde Amazone vor dem Eingang.

Salons und Kabinette prunken mit Goldmosaiken, Wandmalereien à la Pompeji, Kassettendecken, farbigen Wandvertäfelungen, Marmorrahmungen, Sternen-Plafonds, antikisierenden Reliefs und Friesen, Kopien berühmter Plastiken der Antike und der Renaissance und natürlich mit den Gemälden Stucks, darunter einer Fassung jener schwül-erotischen »Sünde« (1894), die eine ganze Generation verwirrt hat.

Nur wenige Baudenkmäler können mit einer ähnlichen Mischung aus Selbstinszenierung, Verführung, Verlangen, Lust, Schönheit und Geheimnis aufwarten – die Villa ist »erschreckend großartig«, meinte der Stuck-Schüler Paul Klee. Ihr übergreifendes Prinzip ist das Gesamtkunstwerk, in dem sich Leben, Architektur, Kunst, Musik, Theater und Narzissmus zu einem ästhetischen Amalgam verdichten. Leider wurde das Haus im Krieg schwer beschädigt und die Räume konnten nicht mitsamt dem Originalmobiliar erhalten werden. Doch wurden sie äußerst sorgfältig restauriert, u.a. wurden Stoffe nach Originalvorlagen nachgewebt.

Märchenhaft wie das Haus ist die Karriere seines Schöpfers, des Müllersohns aus Niederbayern. Schön wie ein Römer, hochtalentiert, früh von Erfolg verwöhnt und geadelt, avancierte

Franz von Stucks »Die drei Göttinnen Athena, Hera und Aphrodite« (um 1923, Privatsammlung) in der Villa Stuck (München).

Stuck (1863–1928) zum Malerfürsten Münchens. Die Sammlung mit seinen Bildern wird ergänzt durch Werke der angewandten und bildenden Kunst der Jahrhundertwende. Attraktiv restauriert und erweitert ist die Villa ein ideales Terrain für Wechselausstellungen großen Stils geworden, insbesondere für alle Spielarten der Art Nouveau oder der internationalen Moderne bis zu Shanghai Modern.

INFO: In München-Bogenhausen gelegen. **INFO MUSEUM VILLA STUCK:** Prinzregentenstr. 60, 81675 München, Tel. (089) 455 55 10, www.villastuck.de, Öffnungszeiten Di–So 11–18 Uhr, Eintritt € 9, ermäßigt € 4,50, bis 18 J. frei, 1. Fr im Monat »Friday late« 18–22 Uhr bei freiem Eintritt.

NS-Dokumentationszentrum ➡ J7
Briennerstr. 34
U2/8, Bus 100: Königsplatz
☏ (089) 23 36 70 00
www.ns-dokumentationszentrum-muenchen.de
Tägl. außer Mo 10–19 Uhr
Eintritt € 5, unter 18 J. frei
Gedenkstätte des Terrors über den Fundamenten des
»Braunen Hauses«, der 1945 zerbombten Parteizentrale
der NSDAP. Eröffnet am 30. April 2015, dem 70. Jahres-
tag der Befreiung Münchens durch die Amerikaner.

Auf dreieinhalb Stockwerken mit insgesamt 1000 m²
Fläche wird die Dauerausstellung zur Geschichte des
Nationalsozialismus speziell in München und die Rolle
der Stadt im Terrorsystem der Diktatur präsentiert.
Zur Vertiefung der gezeigten Inhalte sind interaktive
Medienstationen und weitere Rechercheangebote
geplant. Mit einem vielfältigen, breit angelegten Ver-
anstaltungsprogramm (Konzerte, Filme, Vorträge) will
das NS-Dokumentationszentrum weitere Impulse und
Denkanstöße geben.

*Die Dauerausstellung im
NS-Dokumentationszentrum
München*

🔴 **Pinakotheken**
Tram 27/28, Bus 100: Pinakotheken

Alte Pinakothek ➡ H7
Kunstareal Barer Str. 27
☏ (089) 23 80 52 16
www.pinakothek.de/alte-pinakothek
Di 10–20, Mi–So 10–18 Uhr
Eintritt € 7, unter 18 J. frei, So € 1
In dieser weltweit bedeutenden Gemäldegalerie wird
europäische Malerei vom 14. bis zum 18. Jh. gezeigt,
darunter Werke berühmter Maler wie Dürer, Holbein,
Lucas Cranach d. Ä. oder Pieter Brueghel d. Ä.

Neue Pinakothek ➡ H7
Kunstareal Barer Str. 29
☏ (089) 23 80 51 95
www.pinakothek.de/neue-pinakothek
Wegen Sanierung voraussichtlich bis 2025 geschlossen
Eine Auswahl von Meisterwerken der Kunst des 19. Jh.
wird ab Sommer 2019 im Erdgeschoss der Alten Pinakothek (Ostflügel) und in der Sammlung Schack gezeigt.

*Besucher in der Alten Pinako-
thek vor Peter Paul Rubens'
»Großem Jüngsten Gericht«
von 1617*

Ein architektonischer Meilenstein und seine Meisterwerke

ALTE PINAKOTHEK

München, Bayern

Seinen Status als heimliche Hauptstadt verdankt München hauptsächlich seinen Museen erster Güte. Mit unzähligen Räumen, in denen Alte Meister und Meisterwerke der frühen nordeuropäischen Renaissance vom 14. bis 18. Jahrhundert ausgestellt werden, konkurriert Münchens renovierte Alte Pinakothek bei hochrangigen Ausstellungen heute mit dem Pariser Louvre. Sie ist Teil des Münchner Kunstareals, auf dem sich neben der Münchner Universität auch das Museum Brandhorst, die Neue Pinakothek und die Pinakothek der Moderne befinden.

Rund 700 Gemälde europäischer Malerei aus dem 14. bis 18. Jahrhundert sind in den 19 Sälen und 47 Kabinetten der Alten Pinakothek ausgestellt – vor allem natürlich die berühmten niederländischen, italienischen und altdeutschen Meister. Hier hängen zahlreiche herausragende Werke; wer durch das Museum hastet, um Leonardo da Vincis »Maria mit dem Kind« oder Tizians »Dornenkrönung« zu sehen, dem entgehen womöglich die Werke von Memling, Brueghel, Hals und Dürer. Inbesondere Dürers letztes Werk, »Die vier Apostel«, ist eine große Attraktion des Museums.

Die Alte Pinakothek beherbergt auch eine der weltweit größten Sammlungen der Werke des flämischen Malers Peter Paul Rubens aus dem 17. Jahrhundert: Von seinen 62 Werken sind »Das Große Jüngste Gericht« und »Rubens Selbstporträt mit Isabella Brant in der Geißblattlaube« besonders bemerkenswert. Sein bedeutendster Schüler Anthonis van Dyck ist hier ebenfalls gut vertreten.

Das imposante Backsteingebäude im Stil der venezianischen Renaissance ist an sich ein architektonisches Meisterwerk, das Anfang des 19. Jahrhunderts von Leo von Klenze für die persönliche Kunstsammlung König Ludwigs I. erbaut wurde. Im Krieg stark zerstört, wurden die fehlenden Fassadenteile durch unverputztes Mauerwerk ersetzt, sodass »Verwundungen« sichtbar bleiben.

INFO: In München-Maxvorstadt gelegen. **INFO ALTE PINAKOTHEK:** Barer Str. 27, 80333 München, Tel. (089) 23 80 52 16, www.pinakothek.de, Öffnungszeiten Mi–So 10–18, Di 10–20 Uhr, Eintritt € 7, ermäßigt € 5, So € 1, unter 18 J. frei.

Peter Paul Rubens' »Rubens und Isabella Brant in der Geißblattlaube« (um 1609) in der Alten Pinakothek München.

Herausragende Malerei und Skulptur

NEUE PINAKOTHEK

München, Bayern

Die Neue Pinakothek im Kunstareal München bietet einen spektakulären Überblick der europäischen Kunst vom Klassizismus bis zum Jugendstil. Die 1853 gegründete Sammlung, die auf die Privatbestände König Ludwigs I. zurückgeht, zeigt herausragende Werke europäischer Malerei und Skulptur vom späten 18. bis zum Beginn des 20. Jahrhunderts. Schon damals sollte das Haus durch seine Lage gegenüber der Alten Pinakothek einen Dialog zwischen alter und neuerer Kunst ermöglichen. Die englische Malerei von Constable bis Turner ist hier ebenso vertreten wie deutscher und französischer Impressionismus oder Exponate des Symbolismus und der Biedermeier-Epoche.

Werke von Caspar David Friedrich zeigen Höhepunkte frühromantischer Empfindsamkeit. Gesellschaftsmaler wie Wilhelm von Kaulbach repräsentieren das neu erwachte Interesse an deutscher Geschichte. Der Saal mit Werken von Hans von Marées ist weltweit einzigartig. Zu den Meisterwerken französischer Kunst gehören die »Sonnenblumen« Vincent van Goghs (1888) und das »Stillleben mit Kommode« (um 1883/87) von Paul Cézanne.

Die Neue Pinakothek präsentiert aus ihrem Bestand von über 3000 Gemälden und 300 Skulpturen ständig eine Auswahl von mehr als 400 Werken.

Die Galerie war weltweit das erste Museum für moderne Kunst. Im Zweiten Weltkrieg wurde das Haus bei Luftangriffen völlig zerstört. Erst 1976 bis 1981 wurde es nach Plänen des Architekten Alexander Freiherr von Branca wiederaufgebaut. Während der sandsteinverkleidete Bau mit Erkern, Fluchttreppen und Rundbogenfenstern umstritten ist, finden die vorzüglichen Oberlichtsäle allgemeine Anerkennung. Anlässlich der Neueröffnung

Carl Spitzwegs millionenfach reproduzierter »Armer Poet« (1839) in der Neuen Pinakothek.

wurden einige Bilder aus dem 18. Jahrhundert von der Alten in die Neue Pinakothek überführt, um die Entwicklung der Malerei im 19. Jahrhundert besser zeigen zu können. Sie bilden heute den Beginn des Rundgangs, der mit dem Übergang zum 20. Jahrhundert und Werken von Künstlern wie Ferdinand Hodler, Lovis Corinth, Egon Schiele, Gustav Klimt und Pierre Bonnard endet.

Im Westflügel des Museums befindet sich das Doerner Institut, das die gesamten Bestände der Bayerischen Staatsgemäldesammlungen betreut.

Info: In München-Schwabing gelegen. **Info Neue Pinakothek:** Barer Str. 29, 80799 München, wegen Sanierung voraussichtlich bis 2025 geschlossen, einige Werke werden ab Sommer 2019 in der Alten Pinakothek (Ostflügel) und in der Sammlung Schack gezeigt.

PINAKOTHEK DER MODERNE

München, Bayern

Vier bedeutende Museen aus den Gebieten Kunst, Grafik, Architektur und Design unter einem Dach – die Pinakothek der Moderne im Stadtbezirk Maxvorstadt ist eines der weltweit größten Häuser für die Kunst des 20. und 21. Jahrhunderts. Das offene und großzügige Gebäude, von Architekturkritikern einhellig als gelungen eingeschätzt, lädt dazu ein, Zusammenhänge zu entdecken und neue Einblicke zu gewinnen. Auf 12 000 Quadratmetern Ausstellungsfläche bietet das im September 2002

Gemälde des Expressionismus in der Pinakothek der Moderne: August Mackes »Mädchen im Grünen« (1914).

eingeweihte Haus eine Erweiterung des Münchner Kunstareals mit Alter Pinakothek (Kunst bis zum frühen 18. Jahrhundert) und Neuer Pinakothek (Kunst vom späten 18. bis zum frühen 20. Jahrhundert).

Von Matisse bis zur Fotokunst: In der Sammlung für Moderne Kunst sind alle Richtungen mit bedeutenden Protagonisten vertreten. Expressionismus, Fauvismus, Kubismus, Neue Sachlichkeit, Bauhaus, Surrealismus, Abstrakter Expressionismus, Pop-Art und Minimal Art.

Im Bereich der neuen Medien und Videokunst verfügt das Museum über bedeutsame Einzelkompositionen, u. a. von John Baldessari (»Man running/Men carrying box«), Tadeusz Kantor (»Die tote Klasse«) oder Hiroshi Sugimoto (»World Trade Center«).

Die Staatliche Graphische Sammlung umfasst circa 400 000 Blätter aller Epochen der Zeichenkunst und Druckgrafik vom 15. Jahrhundert bis zur Moderne. Schwerpunkte sind z. B. altdeutsche und niederländische Zeichnungen der Druckgrafik, darunter Werke von Albrecht Dürer und Rembrandt, italienische Zeichnungen von Michelangelo und Leonardo da Vinci sowie internationale Grafik der Moderne von Paul Cézanne, Henri Matisse, Paul Klee und David Hockney.

Die Neue Sammlung zählt zu den führenden Designmuseen der Welt und zeigt die Geschichte und Entwicklung des Designs und der Angewandten Kunst von der Zeit um 1900 bis zur unmittelbaren Gegenwart, vom Autodesign bis zu Möbeln (darunter die Thonet-Sammlung). Die Sammlung des Architekturmuseums der TU München präsentiert Wechselausstellungen namhafter Architekten.

INFO: In München-Schwabing gelegen. **INFO PINAKOTHEK DER MODERNE:** Barer Str. 40, Kunstareal München, 80333 München, Tel. (089) 23 80 53 60, www.pinakothek.de/pinako thek-der-moderne, Öffnungszeiten Di–So 10–18, Do bis 20 Uhr, Eintritt € 10, ermäßigt € 7, So € 1, unter 18 J. frei.

Pinakothek der Moderne ➡ H7/8
Kunstareal Barer Str. 40
✆ (089) 23 80 53 60, www.pinakothek.de
Tägl. außer Mo 10–18, Do bis 20 Uhr
Eintritt € 10, unter 18 J. frei, So € 1
Der großartige Bau mit Exponaten der klassischen Moderne in den Bereichen Kunst, Architektur, Grafik und Design gilt seit nunmehr fast 20 Jahren als Publikumsmagnet. Das Architekturmuseum der Technischen Universität München zeigt zusätzlich in spannenden Wechselausstellungen seine Schätze.

❹ Residenz
Vgl. S. 115 ff.

Sammlung Café Luitpold ➡ K8
Luitpoldblock im Palmengarten
Brienner Str. 11
U3–6, Bus 100/153: Odeonsplatz
✆ (089) 24 25 76 79, www.luitpoldblock.de
Tägl. 10–19 Uhr, Eintritt frei
Die Sammlung dokumentiert auf amüsante Art die wechselvolle Geschichte des Hauses, das bis zu seiner Zerstörung im Zweiten Weltkrieg zu den europäischen Top-Adressen in Sachen Kaffeehauskultur gehörte. In den prachtvollen Jugendstilsälen trafen sich seit seiner Eröffnung im Januar 1888 bis zu seinem Untergang Münchner Persönlichkeiten aus Politik und Kultur.

❻ Schloss Nymphenburg
Vgl. S. 118 ff.

Spielzeugmuseum ➡ L8
Marienplatz 15, im Turm des Alten Rathauses
S1–8, U3/6: Marienplatz
✆ (089) 29 40 01
Tägl. 10–17.30 Uhr, Eintritt € 4/1
Auf mehreren Etagen des historischen Wachturms der ersten Münchner Stadtmauer gibt es europäisches und amerikanisches

Im Spielzeugmuseum

Spielzeug aus zwei Jahrhunderten zu sehen: Holz- und Blechspielzeug, Modelleisenbahnen, Puppen, optisches Spielzeug und mehr.

Staatliche Antikensammlung
Vgl. Antikensammlung S. 77.

Valentin-Karlstadt-Musäum ⇒ L9
Tal 50, im Isartorturm, S1–8, Tram 16/17: Isartor
✆ (089) 22 32 66, www.valentin-musaeum.de
Mo/Di, Do 11.01–17.29, Fr/Sa 11.01–17.59, So 10.01–17.59 Uhr, Eintritt € 2,99/1,99
Dieses »Musäum« fällt in jeder Beziehung aus dem Rahmen. Die Exponate sind so hintersinnig-originell wie die beiden Münchner Komiker Liesl Karlstadt und Karl Valentin.

Seine Verehrer schmücken das Bronzedenkmal für Karl Valentin am Viktualienmarkt täglich mit frischen Blumen

»Ich kenne keine Furcht, es sei denn, ich bekäme Angst.«

VALENTIN-KARLSTADT-MUSÄUM

München, Bayern

Mein Magen tuat mir weh, die Füaß tuan mir weh, der Kopf tuat mir weh, mein Hals ist entzunden – und i selbst befind mich aa net wohl.« Karl Valentin, genialer Wortakrobat und Musical-Clown, war der fleischgewordene

Humor. »Dieser Mensch ist ein durchaus komplizierter, blutiger Witz. Er ist von einer ganz trockenen, inneren Komik, bei der man rauchen und trinken kann und unaufhörlich von einem innerlichen Gelächter geschüttelt wird, das Durchaus nichts besonders Gutartiges hat«, urteilte Schriftsteller Bertolt Brecht. »Ein zaundürrer, langer Geselle, mit langen, spitzen Don-Quichotte-Beinen, mit winkeligen, spitzigen Knien,

Briefmarke anlässlich des 125. Geburtstags des verqueren Komikers, Volkssängers und Schauspielers Karl Valentin.

einem Löchlein in der Hose, mit blankem, abgeschabtem Anzug«, schrieb Kurt Tucholsky nach einem persönlichen Treffen im Theater. Valentin habe eifrig an einem Loch in der Hose gerieben. »Das wird Ihnen nichts nützen!« habe der Orchesterchef gesagt. »Mit Benzin wärs scho fort!«, lautete Valentins Antwort.

Mit seiner Bühnenpartnerin Liesl Karlstadt, Schauspielerin, Sängerin und Komödiantin, bildete der König der Katastrophen ab 1911 das berühmteste deutsche Komikerduo des frühen 20. Jahrhunderts. Die unerbittliche Schärfe ihrer Witze durchbohrte sämtliche Kategorien der Wirklichkeit. In den über 25 Jahren ihrer gemeinsamen Auftritte kamen die beiden auf rund 400 Sketche. Neben ihren überwältigenden Bühnenerfolgen gehörten sie auch zu den Pionieren des Kinos. Zahlreiche Sketche wurden verfilmt, das Traumpaar spielte auch in den Produktionen vieler anderer Autoren mit.

Mit dem Valentin-Karlstadt-Musäum haben die Münchner dem Künstlerduo ein Denkmal gesetzt. Authentische Zeugnisse ihres Lebens mischen sich hier mit Nonsens-Exponaten wie dem wörtlich genommenen »Leisten-Bruch« oder dem präparierten Fabeltier namens »Wolpertinger«. Neben Devotionalien wie dem Telefon aus Valentins berühmter Szene als Buchbinder Wanninger finden sich die längst sprichwörtlichen Kalauer wie »Mögen hätt' ich schon wollen, aber dürfen habe ich mich nicht getraut«. So folgt man auf verschlungenen Pfaden den gewundenen Gedankengängen, die zu einem Markenzeichen von Valentin und Karlstadt wurden. Oder, wie der Meister selbst sagen würde: »Es ist schon alles gesagt, nur noch nicht von allen.«

INFO: In der Münchner Altstadt gelegen. **INFO VALENTIN-KARLSTADT-MUSÄUM:** Tal 50, 80331 München, Tel. (089) 22 32 66, www. valentin-musaeum.de, Öffnungszeiten Mo/Di und Do 11.01–17.29, Fr/Sa 11.01–17.59, So 10.01–17.59 Uhr. Jeden ersten Fr im Monat Programm und Abendöffnung bis 21.59 Uhr. Eintritt € 2,99, ermäßigt € 1,99. Besichtigung auch bei Regenschein, Tag und Nacht, nur von außen, und zwar kostenlos. **INFO TURMSTÜBERL:** Tel. (089) 29 37 62.

Kirchen

8 Allerheiligen-Hofkirche ➡ K9
Residenzstr. 1, U3–6, Bus 100/153: Odeonsplatz, Tram 19: Nationaltheater
www.residenz-muenchen.de
Besichtigung bei Veranstaltungen und im Rahmen eines Besuchs der Residenz (nur Empore)
Nach Plänen von Leo von Klenze wurde diese Kirche zwischen 1826 und 1837 im rückwärtigen Ausgangsbereich der Residenz im byzantinischen Stil mit farbenprächtigen Fresken errichtet. Nach ihrer Zerstörung im Zweiten Weltkrieg besticht der Wiederaufbau durch die klaren Proportionen des schmucklosen Innenraums, der eine fantastische Akustik hat und für kulturelle Veranstaltungen genutzt wird.

Alter Peter (St. Peter) ➡ L8
Rindermarkt 1, S1–8, U3/6: Marienplatz
Tägl. 10–18 Uhr, Turmbesteigung € 3
St. Peter, so die offizielle Bezeichnung, war lange Zeit die einzige Kirche der Stadt Heinrichs des Löwen. Anhand von Grabungen konnte 1952 festgestellt werden, dass sie in der Zeit der Romanik als Klosterkirche errichtet wurde. Der somit älteste Sakralbau der Stadt spiegelt in seiner Innenausstattung alle großen Kunstepochen von der Gotik über Renaissance, Barock und Rokoko bis hin zum Klassizismus wider.

Während des Zweiten Weltkriegs konnten fast alle beweglichen Teile der Innenausstattung ausgelagert werden und auch Teile des Deckenfreskos mit Szenen aus dem Leben des heiligen Petrus von Johann Baptiste Zimmermann blieben unzerstört. Von den insgesamt 16 Feldern sind die sechs westlichen Originale, die zehn zerstörten wurden erst 1985 rekonstruiert.

2 Asamkirche ➡ L7
Sendlinger Str. 32
U1–3/6/7, Tram 16–18/27/28: Sendlinger Tor
Mo–Fr 7.30–18, Sa 8–19, So 8–15 Uhr
Zu einem einzigartigen Architekturdenkmal sakraler Baukunst von Weltgeltung zählt St. Johann Nepomuk, wie diese Kirche offiziell heißt. Egid Quirin Asam, der jüngere der beiden vielbeschäftigten Künstler und Ar-

Putto in der Asamkirche St. Johann Nepomuk

*Die Allerheiligen-Hofkirche am
Ostrand der Residenz*

chitekten des Spätbarocks, erwarb nicht nur 1729/39 die
beiden Grundstücke in der Sendlinger Gasse, sondern
sicherte außerdem mit seinem Vermögen die Fertigstellung dieses kostenintensiven Privatvergnügens. Er
steckte den größten Teil seines vor allem aus kirchlichen
Aufträgen stammenden Vermögens in das Unterfan-
gen. Sein älterer Bruder, Cosmas Damian, konnte in das
Gemeinschaftswerk »nur« sein künstlerisches Können
und seine Arbeitskraft einbringen. Am 16. Mai 1733
wurde unter großer Anteilnahme der Bevölkerung und
im Beisein des damaligen Kronprinzen Maximilian Joseph der Grundstein gelegt.

Flankiert vom Wohnhaus der Brüder Asam und dem
Priesterhaus betritt man durch das von Säulen einge-
rahmte und mit lebensgroßen Figuren geschmückte
Portal – links Papst Benedikt XIII., rechts Johann Theodor (Fürstbischof von Freising) – die ovale Vorhalle, die
an das Entree eines Theaters erinnert. Der schmale,
hohe Kirchraum mit seinem zweistöckigen Hochaltar
wirkt überwältigend. Der gesamte Innenraum beeindruckt durch eine Farbsymphonie in Gold und Rot. Die
Stuckmarmorwände des Kirchenschiffs sind überreich
mit plastischem Dekor geschmückt. Auffallend ist der
umlaufende, geschwungene Balkon, über den die Erbauer von ihrem Wohnhaus aus einen direkten Zugang

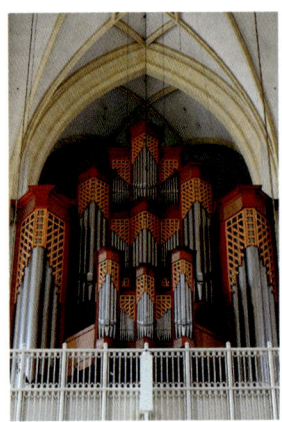

Eine der insgesamt vier Orgeln der Frauenkirche

zu den Gottesdiensten hatten. Das Deckengemälde erzählt Szenen aus dem Leben und Sterben des heiligen Johann Nepomuk.

Bürgersaal ➡ K7
Neuhauser Str. 14
S1–8, U4/5, Tram 16–22/27/28: Karlsplatz (Stachus)
Tägl. 10–18 Uhr
Mit seiner in Rosa gehaltenen, zweigeschossigen barocken Fassade zieht dieser Bau die Blicke auf sich. Den Auftrag zu diesem Sakralbau vergab die Marianische Männerkongregation, eine Vereinigung von Jesuiten, die sich der Förderung des Marienkults verschrieben hatte. Die Originalentwürfe stammen von Giovanni Antonio Viscardi. Oberhalb der dreischiffigen, niedrigen Unterkirche mit dem Grab des Jesuitenpaters Rupert Mayer erwarten einen im ersten Stock ein Barocksaal, der an einen Tanzsaal erinnert. Auch wenn es sich um eine unter Kunsthistorikern als problematisch angesehene Rekonstruktion des während des Zweiten Weltkriegs zerstörten Originals handelt, schenkt sie dem Laien zumindest die Idee von Authentizität.

Das überragende Originalkunstwerk in diesem Raum ist der lebensgroße Schutzengel unter der Orgelempore, der 1763 von Ignaz Günther geschaffen wurde. Kein geschlechtsloses Neutrum steht da vor einem, sondern ein sich seiner erotischen Ausstrahlung bewusstes Wesen. Raffiniert lässig, das Spielbein bis zur Hüfte unbedeckt, tritt dieser Engel auf die Schlange zu seinen Füßen und scheint dem atemlosen, pummeligen Kind an seiner Hand den »rechten Weg« zu zeigen.

❶ Frauenkirche ➡ L8
Frauenplatz 12
S1–8, U3/6: Marienplatz, Tram 19: Theatinerstraße
www.muenchner-dom.de
Tägl. 7.30–20 Uhr (nicht während der Gottesdienste)
Führungen € 6
Der weithin sichtbare »Dom zu Unserer Lieben Frau« ist nach dem Alten Peter die zweitwichtigste Kirche der Altstadt. Den Auftrag zu dem mächtigen Backsteinbau erhielt 1486 Meister Jörg von Halspach, genannt Ganghofer, auf Empfehlung des Abtes von Tegernsee. Bis zur Grundsteinlegung stand an dieser Stelle eine

sehr viel kleinere romanische Marienkapelle, deren Bauschutt laut Chronik »von den Bürgern jeden Alters und Standes« innerhalb von zehn Tagen weggeräumt wurde. Die Kosten für den Neubau trug übrigens auch zum überwiegenden Teil die Bürgerschaft.

Nach nur achtjähriger Bauzeit konnte die Wölbung geschlossen werden. Für den Dachstuhl mussten allein 2000 Baumstämme, zu 140 Flößen zusammengefügt, die Isar flussabwärts gedriftet werden. Geweiht wurde das himmelstürmende Denkmal Münchner Bürgerstolzes am 14. April 1494.

Wer sich heute ein Bild von der im Krieg fast völlig zerstörten, großartigen Inneneinrichtung machen will, muss nach Freising ins Diözesanmuseum fahren. Auf dem Gemälde von Gail (1861) ist die gotische Pracht zu sehen. Auf diesem Gemälde befindet sich auch das Grabmal für Kaiser Ludwig den Bayern an prominenter Stelle vor dem Hochaltar und nicht wie jetzt im südlichen Seitenschiff. Über dem Aufgang zum Chor

Die Frauenkirche beeindruckt mit ihrer Schlichtheit

hängt heute das 1953 geschaffene große Kruzifix von Henselmann. Zu den wenigen Schätzen der originalen Innenausstattung zählen der Bennoschrein (17. Jh.) in der Bennokapelle und die Figur des St. Christopherus (16. Jh.) in der Kapelle gegenüber. Sehenswert sind die 120 Epitaphien von aufgelassenen innerstädtischen Friedhöfen an der Außenwand.

Herz-Jesu-Kirche ➡ aC/aD4
Lachnerstr. 8 (Neuhausen)
U1/7, Tram 12: Rotkreuzplatz
Tägl. 9–21 Uhr
Der Würfel mit seiner 14 m hohen, blauen Glasfront ist Fremdkörper und Blickfang zugleich. Entworfen vom Architektenbüro Allmann Sattler Wappner entstand die Kirche 1997–2000 anstelle eines 1994 durch einen Brand völlig vernichteten Vorgängerbaus und wird heute oft auch für kulturelle Veranstaltungen mit sakralem Hintergrund genutzt. Die komplette Vorderseite lässt sich anlässlich hoher kirchlicher Feiertage wie ein riesiges Tor öffnen. An den Wänden des schlichten Innenraums sind die Stationen des Kreuzwegs der einzige Schmuck.

Die im Rundbogenstil errichtete Ludwigskirche

Ludwigskirche (St. Ludwig) ➡ H9
Ludwigstr. 20, U3/6, Bus 68/153/154: Universität
www.st-ludwig-muenchen.de
Tägl. 7–20.30 Uhr
Die monumentale Pfarr- und Universitätskirche mit Doppelturmfassade entstand auf Anordnung Ludwigs I. und nach Plänen von Friedrich von Gärtner ab 1829. Ihre hoch aufragenden Türme bilden einen wichtigen architektonischen Akzent in der streng konzipierten Ludwigstraße. Die farbenprächtigen Chorfenster erzählen die Geschichte des Jüngsten Gerichts. Unübersehbar ist zudem das riesige Wandfresko »Das Jüngste Gericht« von Peter von Cornelius.

St. Michael ➡ L/K7
Neuhauser Str. 6
S1–8, U4/5, Tram 16–22/27/28: Karlsplatz (Stachus)
www.st-michael-muenchen.de
Mo, Fr 10–19, Di 8–20.15, Mi/Do, Sa 8–19, So 7–22.15 Uhr

Nach 14-jähriger Bauzeit wurde am 6. Juli 1597 diese erste Renaissancekirche nördlich der Alpen, erbaut nach den Plänen von Friedrich Sustris, geweiht. Zu den außergewöhnlichen architektonischen Details jener Zeit zählt das Tonnengewölbe mit einer Spannweite von 20 m. Zu den Kostbarkeiten der Innenausstattung gehört der gotische Schrein mit den Reliquien der heiligen Ärzte Cosmas und Damian, die zur Zeit der verheerenden Pestepidemien große Verehrung fanden. Beachtenswert ist außerdem der lebensgroße, vital und dennoch mystisch wirkende »Weihwasserengel« aus Bronze. Die Figur war ursprünglich für das Grabmal des Kirchenstifters Herzog Wilhelm V. und seiner Frau Renata gedacht.

Die Löwenstatue der Feldherrnhalle vor der Theatinerkirche

In der Fürstengruft unterhalb des Chors sind 41 Angehörige des Hauses Wittelsbach beigesetzt. Zu einer Wallfahrtsstätte hat sich der immer mit frischen Blumen geschmückte Sarkophag Ludwigs II. entwickelt.

Theatinerkirche (St. Kajetan) ➡ K8
Salvatorplatz 2 A
U3–6, Bus 100/153: Odeonsplatz
www.theatinerkirche.de
Tägl. 7–20 Uhr

Nach der glücklichen Geburt ihres Sohns, Erbprinz Max Emanuel, übernahm die gebürtige Italienerin Henriette Adelaide kurzerhand selbst die Bauaufsicht. Da sich unter den bayerischen Baumeistern ihrer Zeit niemand fand, dem sie den Entwurf zu einem Bauwerk von europäischem Rang zutraute, entschied sie sich für Berühmtheiten ihrer Heimat. Ein Jahr nach der Geburt des Thronfolgers, also 1663, wurde der Grundstein zu diesem Sakralbau gelegt. Bei der Arbeit zu den Entwürfen für die Kreuzkuppelkirche ließ sich der Barockbaumeister Agostino Barelli von der Architektur der Mutterkirche des Theatinerordens San Andrea della Valle in Rom inspirieren.

Der lichte, weiße Innenraum der Theatinerkirche

Der ganz in Weiß gehaltene Innenraum lässt Vergleiche mit einem Ballsaal zu. Das Licht fällt ungefiltert durch die hohen Fenster der großartigen Kirchenkuppel. Der üppige Akanthus-Stuck verleiht dem Raum eine festliche Beschwingtheit. Seitlich des Altars befindet sich der Zugang zur Fürstengruft der Wittelsbacher.

Architektur und andere Sehenswürdigkeiten

Allianz Arena ➡ aB5
Werner-Heisenberg-Allee 25
U6: Fröttmaning
℡ (089) 69 93 12 22, www.allianz-arena.de
Führungen an veranstaltungsfreien Tagen, im Sommer
9–19, sonst 10–19 Uhr
Arenatour und FC-Bayern-Erlebniswelt € 19/11 (6–13 J.)
Wer sich mit dem Auto von Norden her der Stadt nähert,
macht wenige Kilometer vor dem Ende der Autobahn
Bekanntschaft mit einem der Superlative der jüngeren
Architekturgeschichte. Die Heimstatt der Fußballclubs
FC Bayern München und TSV 1860 München verfügt
über mehr als 71 000 Plätze bei Bundesligaspielen und
rund 68 000 Plätze bei internationalen Spielen. Hinzu
kommen 2200 Business- und Pressesitze und 106 Logen
mit insgesamt 1374 Sitzen. Das Stadion wurde von dem
Architekturbüro Herzog & de Meuron entworfen.

Das Auftaktspiel zur Fußballweltmeisterschaft 2006
in dieser Arena war die Geburtsstunde jener einzigartigen Stimmung, die als »Deutschland ein Sommer-
märchen« wohl für immer im nationalen Gedächtnis
bleiben wird.

Geradezu spektakulär ist die Sicht auf das riesige
Stadion ohne Ecken und Kanten. Mit Einbruch der Dun-

Im Heimstadion des FC Bayern München: die Allianz Arena im Münchner Norden

Das UFO von Fröttmaning

ALLIANZ ARENA

München, Bayern

Von Weitem sieht sie aus wie ein UFO oder ein riesiges Schlauchboot, Spötter nennen sie weniger nett auch Kaiser-Klo: Die Allianz Arena von Fröttmaning ist Münchens Fußballtempel. Nach drei Jahren Bauzeit wurde sie im Mai 2005 eingeweiht. Die Feuilletons der Zeitungen verneigten sich schon vor dem ersten Kick vor der architektonischen Meisterleistung der Stadionplaner. Und selbst die Pendler, die sich an der Baustelle vorbei durch den Berufsverkehr quälten, waren hingerissen von der luziden, schwebenden Anmutung der Arena.

Durchschnittlich zehn Mal krachte es zeitweise pro Tag auf der Autobahn 9. Immer wieder kam es zu Auffahrunfällen, weil die Autofahrer sich am neuen Stadion nicht sattsehen konnten.

2760 Membrankissen, gefertigt aus nur 0,2 Millimeter dicker Kunststofffolie, können die 64000 Quadratmeter der Dachkonstruktion abwechselnd in den Farben der Heimmannschaften blau (1860 München), rot (FC Bayern München) und weiß (Deutsche Nationalmannschaft) beleuchten. »Früher waren Fußballstadien ein klassischer Ort für Arbeiter: offene Häuser, in denen es gerade mal einen Wurst- oder Bierstand gab«, erklären die Schweizer Architekten des 340 Millionen Euro teuren Superbaus, Jacques Herzog und Pierre de Meuron: »Heute hingegen sind Stadien wie kleine Städte. Sie sind eng mit anderen Kulturbauten verwandt. Deshalb haben wir unser Stadion immer mit einem Opernhaus verglichen.«

Etwa 120000 Kubikmeter Beton und 22000 Tonnen Stahl wurden in der Allianz Arena verbaut, 75000 Zuschauer (inklusive Logen und Business-Seats) passen in die Fußballkathedrale. Allein das Fundament wiegt 180 Tonnen. Als reines Fußballstadion geplant mussten keine Konzessionen an alternative

Rautenförmige Luftkissen strukturieren die Fassade der Allianz Arena.

Nutzungen wie Leichtathletik, Popkonzerte, Ausstellungen oder andere Großveranstaltungen gemacht werden.

»Wir haben das schönste Stadion der Welt«, sagt Karl-Heinz Rummenigge, der Vorstandsvorsitzende des FC Bayern München, nicht ohne Stolz. »Die Allianz Arena ist ein Quantensprung«, ergänzt Franz Beckenbauer. Den Worten des »Kaisers«, wie der Ehrenpräsident des Vereins und ehemalige Fußballstar genannt wird, darf naturgemäß nichts mehr hinzugefügt werden. Außer dies: Das Stadion kann im Rahmen einer Führung besichtigt werden.

INFO: In München-Fröttmaning gelegen. **INFO ALLIANZ ARENA:** Werner-Heisenberg-Allee 25, 80939 München, Tel. (089) 69 93 12 22, www.allianz-arena.de, Öffnungszeiten tägl. (außer an Spieltagen) Shop 9/10–17/18, Bistro 10–18 Uhr, im Winter nur Sa/So.

Die FC-Bayern-Erlebniswelt im interaktiven Museum in der Allianz Arena

In der Bavaria Filmstadt zu bestaunen: das Dorf Flake aus »Wickie und die starken Männer«

kelheit wird an Spieltagen ein faszinierendes Lichtspektakel geboten: Leuchtet die Arena in einem kräftigen Rot, spielt der FC Bayern, Blau signalisiert ein Spiel von 1860 und das schlichte Weiß bedeutet, dass die Nationalmannschaft zu Gast ist.

Alte Münze ➡ K/L9
Hofgraben 4
S1–8, U3/6: Marienplatz, Tram 19: Nationaltheater
Die Alte Münze, seit 1986 Sitz des Bayerischen Landesamts für Denkmalpflege, wurde zwischen 1563 und 1567 als Marstall und Kunstkammer im Auftrag von Herzog Albrecht V. zwischen dem Alten Hof und der Residenz errichtet. Im berühmten Arkadenhof dieses Renaissancebaus befand sich bis zu Beginn des 19. Jh. der Marstall des jeweiligen Regenten. Im zweiten Obergeschoss hatte sich der vielseitig gebildete Albrecht V. seine umfangreiche Bibliothek und eine damals typische »Kunst- und Wunderkammer« einrichten lassen.

Bavaria Filmstadt ➡ aF4
Bavariafilmplatz 7, 82031 Geiselgasteig
Tram 25: Bavariafilmplatz
☎ (089) 64 99 20 00, www.filmstadt.de
Tägl. Anfang März–Anfang Nov. 9–18, sonst 10–17 Uhr
Eintritt € 14/12 (6–17 J.), Filmstadt komplett € 27,50/22
Das Hollywood der Isar liegt im Villenvorort Grünwald. Auf dem 32 ha großen Gelände haben schon Billy Wilder, Alfred Hitchcock und Orson Welles, aber auch Rainer Werner Fassbinder und Bernd Eichinger gedreht. Hier entstanden so berühmte Streifen wie »Das Boot« oder »Die Manns«. Im Verlauf einer spannenden Führung werden zahlreiche Kulissen gezeigt. Außerdem kann ein 4-D-Erlebniskino besucht werden. Der Entertainer Michael »Bully« Herbig besitzt sein eigenes Museum (1500 m²) auf dem Gelände.

Bayerische Staatsbibliothek ➡ H9
Ludwigstr. 16
U3/6, Bus 68/153/154: Universität
www.bsb-muenchen.de
Mo–Fr 9–19 Uhr
Die vier Sitzfiguren (Homer, Aristoteles, Hippokrates und Thukydides) auf der Freitreppe sind nicht zu

Blick hinter die Kulissen

BAVARIA FILMSTADT

München, Bayern

Auf den Spuren von Stars und Sternchen: Hier wurden Filmklassiker wie »Das Boot« oder »Die unendliche Geschichte« produziert. Wer originale Drehorte erleben will oder sich für spannende und verblüffende Details aufsehenerregender Filmklassiker interessiert, der muss in den Süden von München fahren. Die Bavaria Filmstadt ist eines der größten und erfolgreichsten Film- und Fernsehstudios in Europa. Rund 400 Stunden Programm jährlich werden produziert, darunter viele Tatort-Folgen, die Telenovela »Sturm der Liebe« und die Inga-Lindström-Sendereihe sowie auch die Serien »Tierärztin Dr. Mertens« und »Rosenheim Cops«.

Nirgendwo sonst kann man die elektrisierende Stimmung eines erfolgreichen Medienunternehmens so hautnah erleben wie bei der circa 90-minütigen Führung auf dem Gelände der Bavaria-Film. Die Besucher erfahren viel über die Entstehung von Filmen, sehen originale Drehorte und bewegen sich durch echte Filmkulissen. Dabei gehören die Fabelwesen aus der »Unendlichen Geschichte« ebenso zum Programm wie Dekorationen und Requisiten aus Filmklassikern und neuen Produktionen wie »Das Boot« und »Die wilden Kerle: Hinter dem Horizont«. Neu sind das Klassenzimmer der 10 B aus »Fack ju Göthe« und die Requisiten der Neuverfilmung von »Jim Knopf und Lukas der Lokomotivführer«.

In einem eigenen Stadtviertel mit Wohn- und Geschäftshäusern wird die tägliche Dosis Liebe, Gefühl, Thrill und Fun für diverse Serien erschaffen. Über eine Großbildprojektion kann man beobachten, wie in den Studios gedreht wird. Computeranimierte, plastische Bilder, zum Greifen nah, werden im 4-D-Erlebnis-Kino der Filmstadt auf bewegten Sitzen zum multimedialen Rausch vom Feinsten.

Selbst einmal Star in einem kleinen Film sein und sich nach den Anweisungen des Regisseurs in Szene setzen – auch das bietet die Filmstadt. Im Bullyversum können die Besucher in vier verschiedenen Filmsets aus Bully Herbigs Erfolgsproduktion »(T)Raumschiff Surprise – Periode 1« ihr Talent vor laufender Kamera unter Beweis stellen. Original-Filmsets, gezielte Kameraeinstellungen und eine ausgefeilte Schnitttechnik lassen aus den gedrehten Szenen ein eigenes, kleines Weltraumabenteuer entstehen.

INFO: In München-Geiselgasteig gelegen. **INFO BAVARIA FILMSTADT:** Bavaria-filmplatz 7, 82031 München-Geiselgasteig, Tel. (089) 64 99 20 00, www.filmstadt.de, Öffnungszeiten tägl. Anfang März–Anfang Nov. 9–18, sonst 10–17 Uhr, letzter Einlass Filmstadt komplett 14.30 bzw. 13 Uhr, Eintritt mit Führung € 27,50, Kinder (6–17 J.) € 22, nur Führung € 14/12.

Die interaktive Filmerlebniswelt rund um den Regisseur, Schauspieler und Comedian Michael Bully Herbig: Bullyversum in der Bavaria Filmstadt.

Architektonischer Blickfang: der Doppelkegel der BMW-Welt

übersehen. Im Rahmen der Bauarbeiten an der Ludwigstraße wurde Friedrich von Gärtner mit den Entwürfen zu diesem Hort der Wissenschaft beauftragt, 1832 war Grundsteinlegung. Bedingt durch akuten Geldmangel konnte der Bau erst 1843 eingeweiht werden.

Sehenswert ist das großzügige, wiederhergestellte Treppenhaus, das an die Scala dei Giganti im Dogenpalast von Venedig erinnert. Hervorgegangen aus der Bibliothek Albrechts V. gehört sie mit ihrem Bestand von derzeit über 9 Mio. Bänden, darunter einzigartige Kostbarkeiten, zu den größten international gerühmten Sammlungen.

✿ **BMW Welt** ➡ A5
Am Olympiapark 1
U3, Bus 173: Olympiazentrum
✆ (089) 125 01 60 01
www.bmw-welt.com
Mo–Fr 8–22, Sa/So 8–18 Uhr, Eintritt frei
Mit dem Bau seines Erlebnis- und Auslieferungszentrums hat der Autobauer BMW einen architektonischen Coup der extravaganten Art gelandet. Der Ent-

wurf zu dem lang gestreckten Komplex gigantischen Ausmaßes mit dem schwungvollen Doppelkegel als Eyecatcher stammt aus dem Wiener Büro Coop Himmelb(l)au und gehört noch immer zum Spektakulärsten, was München zum Thema zeitgenössische Architektur zu bieten hat. Die »Kathedrale des Automobils« steht am Rand des Ensembles Olympiapark, nahe beim berühmten Vierzylinder (BMW-Verwaltungsbau) und dem BMW-Museum.

Der trotz seiner Größe filigran wirkende Doppelkegel ist eine überzeugende architektonische Antwort auf die schwungvollen Dachkonstruktionen der Olympia-Sportstätten in Sichtweite. In der BMW-Welt wird nicht nur die Auslieferung neuer Autos inszeniert. Für Essen und Trinken sorgen vier Lokalitäten mit sowohl preislich als auch qualitativ unterschiedlichem Angebot.

Cuvilliés-Theater (Altes Residenztheater) ➜ K9
Residenzstr. 1
U3–6, Bus 100/153: Odeonsplatz
℡ (089) 29 06 77 50
www.residenz-muenchen.de
April–Ende Juli und Anfang Sept.–Mitte Okt. Mo–Sa 14–18, So/Fei 9–18, Ende Juli–Anfang Sept. tägl. 9–18, Mitte Okt.–März Mo–Sa 14–17, So/Fei 10–17 Uhr; das Theater kann unabhängig von der Residenz besichtigt werden
Eintritt € 3,50/2,50, bis 18 J. frei

Altes Residenztheater

Zu ihrem 850. Geburtstag im Jahr 2008 konnte die Stadt ihren Bürgern dank des großzügigen Spendenaufkommens vieler vermögender Mitbürger und Firmen und eines erheblichen Betrags aus dem Steuersäckel die vierte Wiedereröffnung des traditionsreichen Theaters nach einer grundlegenden Renovierung schenken.

Die spannende Baugeschichte des Hauses in Stichworten: 1751 gibt der feinsinnige Ästhet und anerkannte blaublütige Komponist Max III. Josef den Bau eines Hoftheaters an der Stelle des heutigen Residenztheaters am Max-Joseph-Platz in Auftrag. Den Zuschlag bekommt der begnadete François de Cuvilliés. 1763 findet die Einweihung dieses nur dem Hof vorbehaltenen Rokokokleinods statt. 1831 muss das Theater wegen Baufälligkeit geschlossen werden, zwischen 1856 und 1857 wird die Rokokoausstattung grundlegend renoviert und die zweite Wiedereröffnung begangen.

In den Wirren des Zweiten Weltkriegs entschließt man sich 1943/44 in weiser Voraussicht zur Auslagerung sämtlicher kostbarer Schnitzereien. Danach geht das Theater im Bombenhagel restlos unter. Anlässlich der 800-Jahr-Feier der Stadt wagt man den Wiederaufbau dieser beeindruckenden Raumschöpfung. Nun wird es

Der Englische Garten,
das grüne Herz Münchens

aber nicht an seinem angestammten Platz neben dem Nationaltheater wieder errichtet, sondern innerhalb der Residenz. Hoch motiviert stemmen die Kunsthandwerker in einem Zeitraum von nur zwei Jahren dieses Wunder.

Der Chinesische Turm im Englischen Garten: ein 25 Meter hoher Holzbau

1958 konnte dann dem staunenden Publikum das nun jedermann zugängliche und weltweit einzigartige Architekturdenkmal präsentiert werden. Damals wie heute war es der Großzügigkeit privater Spender zu verdanken, dass die rückblickend lächerliche Summe von 4 Mio. D-Mark zusammenkam. Zum Vergleich: Die letzte und vierte Sanierung des Cuvilliés-Theaters kostete 24 Mio. Euro und dauerte vier Jahre.

❾ Englischer Garten ➡ E–J10/11
U3/6 Universität, Tram 16 Paradiesstraße, Bus 100: Haus der Kunst
Weltweit zählt diese Parkanlage zu den größten ihrer Art – sie ist sogar größer als der Central Park in New York. Sie beginnt an der Prinzregentenstraße hinter dem Haus der Kunst und zieht sich über eine Länge von gut 5 km Richtung Norden bis zur Gaststätte »Aumeister«, bevor sie in die sogenannten Isarauen über-

Die perfekte Welle weit weg vom Meer erwischen: Eisbach-Surfer am Haus der Kunst im Süden des Englischen Gartens

geht, die sich weiter Kilometer um Kilometer Richtung Freising fortsetzen.

Nach dem Vorbild eines englischen Landschaftsgartens lässt Kurfürst Karl Theodor das Jagdgelände der Wittelsbacher 1789 zu einem öffentlichen Park umgestalten. Beauftragt wird der US-Amerikaner Benjamin Thompson, besser bekannt als Graf Rumford, der, nachdem er das bayerische Heer reformiert hat, den beim Volk unbeliebten Herrscher zu diesem Schritt überreden kann. Im Laufe der Zeit wird der Englische Garten mehrfach erweitert oder verändert. So lässt Freiherr von Werneck, der Nachfolger Rumfords, den Kleinhesseloher See anlegen. Sein 15 m hoher Aushub wird erst Jahre später (1837/38) mit dem Monopteros nach Plänen von Leo von Klenze bekrönt.

Zu den brutalsten Eingriffen in die Parkanlage gehört der Bau des **Hauses der Kunst** mit seiner monumentalen Säulenfront. In Auftrag gegeben von den Nationalsozialisten wurde das Museum 1937 als »Haus der Deutschen Kunst« mit der Ausstellung »Entartete Kunst« von Hitler persönlich eröffnet. Heute werden die Säle für große Ausstellungen genutzt.

Egal ob Sommer oder Winter, der Englische Garten ist Teil des viel besungenen Münchner Lebensgefühls. Je nach Wetter haben die Biergärten geöffnet, wobei der Chinesische Turm unbestritten der bekannteste Treffpunkt ist. An den Wochenenden spielt im ersten Stock des Holzturms eine Blaskapelle. Ein fantastischer Panoramablick auf die Silhouette der Stadt bietet sich von der Plattform des klassizistischen Monopterus.

Von der Brücke rechts neben dem Haus der Kunst kann das dicht gedrängte Publikum die Riversurfer bei jedem Wetter bei ihrem **Ritt auf der stehenden Welle** beobachten. Und wer an einer japanischen Teezeremonie teilnehmen möchte, kann dies während der Sommermonate an jedem zweiten Wochenende im japanischen Teehaus unterhalb der Rückfront des Hauses der Kunst tun (www.urasenke.de).

Justizpalast ➡ K6
Elisenstr. 1A, S1–8, U4/5, Tram 16–22/27/28: Karlsplatz (Stachus)
www.justiz-bayern.de
Mo–Do 7.30–16.15, Fr 7.30–15 Uhr

Lustgarten und Spielwiese

ENGLISCHER GARTEN

München, Bayern

D en Militärgarten öffnete man 1789 für das Münchner Volk, weil man hoffte, damit das Übergreifen der Französischen Revolution auf Bayern zu verhindern. Es entstand der erste Volkspark in Europa, der inzwischen mit einer Fläche von 3,7 Quadratkilometern die größte zusammenhängende Grünanlage in einer deutschen Großstadt ist. Der Name Englischer Garten weist auf ein aus England stammendes Konzept der Landschaftsarchitektur des 19. Jahrhunderts hin, das den Park als begehbares, der Natur nachempfundenes Gemälde versteht. Dem fühlte sich auch der an der Anlage des Parks wesentlich beteiligte Gartenarchitekt Ludwig von Sckell verpflichtet.

Der Spaziergang war in früheren Zeiten als öffentlicher Müßiggang verpönt. Heute ist der Park nicht nur bei den Münchnern sehr beliebt. Vor allem am Wochenende herrscht hier reges Treiben. Ruhiger ist es an Werktagen oder in der Hirschau, dem Bereich nördlich des Isarrings – der Name »Englischer Garten« bezieht sich eigentlich nur auf den südlichen Teil –, zu dessen Erkundung es sich lohnt, ein Fahrrad zu leihen.

Der Rundgang beginnt am Japanischen Teehaus am südlichen Ende des Parks hinter dem Haus der Kunst. Der Pavillon wurde der Stadt zu den Olympischen Spielen 1972 von Münchens japanischer Partnerstadt Sapporo geschenkt. Seither findet im Sommer an jedem zweiten Wochenende zur vollen Stunde eine Teezeremonie statt.

Vorbei am Japanischen Wasserfall und den Eisbach entlang geht man auf den Monopteros zu, einen kleinen griechischen Tempel. Von hier aus hat man den wohl bekanntesten Blick über die Türme der Stadt. Einige Minuten später ist der Chinesische Turm erreicht. Die Pagode wurde 1789 nach dem Vorbild eines Turmtempels in Kew Gardens, dem berühmten botanischen Garten von London, errichtet. Ein Besuch im Biergarten am Chinesischen Turm oder am Kleinhesseloher See rundet jeden Streifzug durch den Park am besten ab.

INFO: Im Münchner Nordosten an der Isar gelegen. **INFO ENGLISCHER GARTEN VERWALTUNG:** Englischer Garten 2, 80538 München, Tel. (089) 38 66 63 90, www.schloesser-bayern.de, ganzjährig geöffnet, Eintritt frei.

Biergarten am Chinesischen Turm mitten im Englischen Garten (München).

Der schlossähnliche Monumentalbau am Stachus wurde nach Plänen von Friedrich von Thiersch 1897 gebaut und gilt in Fachkreisen mit seiner verschwenderischen Innenausstattung als eine der bedeutendsten Architekturschöpfungen der Gründerzeit. Nach mehrfachen Zerstörungen während des Zweiten Weltkriegs wurde auch dieser Repräsentationsbau von bewusst geplanter, einschüchternder Größe mit viel Liebe zum Detail zum 850. Stadtjubiläum aufwendig restauriert. Zu den sehenswerten Details zählt die mächtige Glas-Eisen-Kuppel, bekrönt von einer grazilen Justitia. Von monumentalen Ausmaßen ist die Zentralhalle unter der 66 m hohen Kuppel mit ihrer prächtigen Treppenanlage.

Kammerspiele ➡ L9
Maximilianstr. 26–28
Tram 19: Kammerspiele
☎ (089) 23 39 66 00
Das einzige Jugendstiltheater Deutschlands kann nur im Rahmen einer Vorstellung besichtigt werden. Ab 1900 entstand dieses architektonische Kleinod mit der damals modernsten Bühnentechnik nach Entwürfen von Richard Riemerschmid. Der festliche, in warmem Rot gehaltene Zuschauerraum wird von einer lichtgrünen Decke überwölbt, die durch ihre kleinteilige Ornamentierung und die zahllosen tropfenförmigen Lichtquellen dem Raum die für die Zeit so typische Beschwingtheit verleiht. Ein Bummel durch die Foyers, Garderobengänge und die Kassenhalle während der Pause ist unbedingt zu empfehlen.

Der Springbrunnen auf dem Geschwister-Scholl-Platz vor der Ludwig-Maximilians-Universität

Königsplatz ➡ J6
U2/8, Bus 100: Königsplatz
Mit dem Bau der großartigen Platzanlage betraut Ludwig I. schon als Kronprinz seinen späteren Lieblingsarchitekten, den Niedersachsen Leo von Klenze, den er 1816 nach München kommen lässt. Zwei Jahre später kürt er ihn zum Hofbauintendanten und gleichzeitig zum Oberbaurat im Staatsministerium. Als Erstes wird die **Glyptothek** für die erst 1811 ausgegrabenen Giebelfiguren von der Insel Ägina hochgezogen. 1838 folgt das Gegenstück, die **Staatliche Antikensammlung**, an der Südseite des Platzes. Mit den **Propyläen** setzt der Monarch der bayerischen Armee im griechischen Frei-

Erbaut im griechischem Stil: die Propyläen auf dem Königsplatz

heitskampf und seinem Sohn König Otto von Griechenland ein Denkmal.

Die Nationalsozialisten gestalteten den Platz radikal um: Sie belegten die begrünte Fläche vollständig mit zentnerschweren Platten und nutzten den Ort für ihre Massenaufmärsche. Beiderseits der Zufahrt von der Luisenstraße wurden die Ehrentempel für die Toten des Marsches auf die Feldherrnhalle errichtet, die dann 1947 von den Alliierten gesprengt wurden. Jahrzehntelang waren die von Unkraut überwucherten Fundamente deutlich auszumachen. Nun steht direkt daneben das **NS-Dokumentationszentrum** (vgl. S. 89), das am 30. April 2015 eröffnet wurde.

Ludwig-Maximilians-Universität ➡ G/H9
Geschwister-Scholl-Platz 1
U3/6, Bus 68/153/154: Universität
Den Bauauftrag für diesen dreiflügeligen Komplex erteilt König Ludwig I. Friedrich von Gärtner. Der Grundstein zur LMU, seit 2006 Elite-Universität, wurde 1835 gelegt. Sehenswert ist der riesige Lichthof, der durch die Aktion der Geschwister Scholl weit über die Grenzen Münchens Berühmtheit erlangte. Von der Galerie warfen sie 1943 die Flugblätter.

Müller'sches Volksbad ➡ M10
Rosenheimer Str. 1
S1–8, Tram 16/17: Isartor, Tram 17: Deutsches Museum
www.swm.de

Scheinbar schwerelos: die Acryl-Glas-Konstruktion des Olympiaparks

Auch von unten macht die Überdachung etwas her

Schwimmbad tägl. 7.30–23, Mo große Halle nur bis 17 Uhr, Eintritt € 4,80/3,40

Das Jugendstilbad mit Turm und Kuppel gegenüber dem Deutschen Museum ist nach wie vor eines der schönsten Hallenbäder Europas. Nach den Plänen des Architekten Karl Hocheder gebaut, finanzierte der Ingenieur Karl Müller diesen Wellnesspalast, wie man heute zu sagen pflegt, und schenkte ihn 1901 den Bürgern der Stadt. Mit seiner Schwimmhalle unter dem großartigen Tonnengewölbe, dem irisch-römischen Schwitzbad, den im Original erhaltenen Umkleidekabinen aus Holz und seinen herrlichen Jugendstillampen ist das Bad ein seltenes Juwel seiner Zeit.

🔟 Olympiapark ➡ A/B3/4

Spiridon-Louis-Ring 21, U3, Bus 173: Olympiazentrum, Tram 20/21: Olympiapark West

✆ (089) 30 67 27 07

www.olympiapark.de

Im Sommer tägl. 9–20, sonst 11–16/18 Uhr

Eintritt € 3,50/3, bis 16 J. € 2,50

Die XX. Olympischen Spiele 1972 bescherten der Stadt nicht nur die erste U-Bahn-Linie, sondern auch die immer noch faszinierende Zeltdachkonstruktion. Die weitläufige Sport- und Erlebnisstätte entstand auf dem einstigen Exerziergelände am Rand eines nach dem Zweiten Weltkrieg aufgetürmten Schuttbergs. Mit der Acryl-Glas-Konstruktion, die sich über drei Sportstätten schwingt, gelang dem Architektenteam Behnisch und Partner ein Wurf, der noch heute Maßstäbe setzt.

4 Residenz ➡ K8/9
Residenzstr. 1, U3–6, Bus 100/153: Odeonsplatz, Tram 19: Nationaltheater
✆ (089) 29 06 71
www.residenz-muenchen.de
April–Mitte Okt. tägl. 9–18, Mitte Okt.–März 10–17 Uhr
Kombikarte Museen und Schatzkammer € 11/9, mit Cuvilliés Theater € 13/10,50, bis 18 J. frei
Sämtliche Prunkräume der Residenz aus der Renaissance, dem Rokoko und dem Klassizismus kann man besichtigen. Aufgrund ihrer Vielzahl sind unterschiedliche Raumfluchten bis und ab 13.30 Uhr geöffnet. Das Antiquarium ist ganztägig zu besichtigen.

Bis 13.30 Uhr: Ahnengalerie, Schwarzer Saal, Schlachtensäle, Europäisches Porzellan, Kurfürstenzimmer, Charlottenzimmer, Trierzimmer, Reiche Zimmer, Grüne Galerie, Päpstliche Zimmer und Nibelungensäle.

Ab 13.30 Uhr: Ahnengalerie, Porzellan des 18. Jh., Hofkapelle, Paramentenkammern, Reliquienkammer, Reiche Zimmer, Reiche Kapelle, Grüne Galerie, Päpstliche Zimmer, Silberkammer, Steinzimmer, Kaiser- und Vierschimmelsaal, Königszimmer, Nibelungensäle.

Stilvoll: zur »Blauen Stunde« im Kaiserhof der Residenz

Schatzkammer

Öffnungszeiten und Eintritt vgl. Residenz

Ausgestellt sind Kronen und Juwelen sowie außergewöhnliche Arbeiten des Goldschmiedehandwerks aus
zehn Jahrhunderten.

Nach der Zerstörung im Zweiten Weltkrieg und ihrem
Wiederaufbau besteht die Residenz aus zehn Höfen
und 130 Räumen sowie der ❽ **Allerheiligen-Hofkirche**
und dem herrlichen Cuvilliés-Theater. Anlässlich großer
Staatsempfänge werden einige Räumlichkeiten, wie
das Theater oder das Antiquarium, zu Repräsentations-
zwecken genutzt.

Durch den großen Torbogen am Max-Joseph-Platz
betritt der Besucher den südlichen Trakt des großes
Komplexes. Die baufreudigen Wittelsbacher sind von

*Im Thronsaal der Münchner
Residenz*

jeher dafür bekannt, dass sie die jeweils berühmtesten Künstler ihrer Epoche für ihre Bauten verpflichteten. So entstand hier im Laufe der Jahrhunderte während der sechs großen Bauphasen ein architektonisches Gesamtkunstwerk von europäischem Rang, in dem von der Renaissance bis zum kühlen Klassizismus alle Stilrichtungen vertreten sind. Ohne Einschränkung darf der Wiederaufbau der Palastanlage als ein Wunder der Nachkriegszeit bezeichnet werden. Als Glücksfall erweist sich der Umstand, dass vor der Auslagerung vieler kostbarer Teile der Innenausstattung während des Krieges eine lückenlose fotografische Bestandsaufnahme der Raumfluchten angefertigt wurde. Und so waren es genau diese Fotos, die zusammen mit den historischen Bauplänen aller Bauphasen das Mammutunternehmen Wiederaufbau nach dem Zweiten Weltkrieg möglich machten.

Krone in der Schatzkammer der Residenz

Wer alle Räume der innerstädtischen Schlossanlage mit etwas Muße besichtigen will, sollte einen Tag einplanen.

Ende des 14. Jh. verlegten die Wittelsbacher ihren Wohnsitz vom Alten Hof in die sogenannte Neuveste, eine ganz normale mittelalterliche Wehranlage durchschnittlicher Größe, umgeben von einem Wassergraben, an der äußersten Nordost-Ecke der heutigen Anlage. Die Grundrisslinien dieses ersten Baus sind noch im Apothekerhof zu sehen. Erst 200 Jahre später gibt der kunstbesessene Herzog Albrecht V. das damals frei stehende Antiquarium für seine Privatsammlungen in Auftrag. Mit einer Länge von 69 m entsteht der bedeutendste Profanbau der Renaissance in Deutschland, der zudem der erste Museumsbau nördlich der Alpen ist.

Als Nächster verausgabt sich Albrechts Sohn, Herzog Wilhelm V., ab 1580 mit Zusatzbauten wie dem Witwen- und Erbprinzentrakt sowie einem Ballsaal, dem Schwarzen Saal und dem Grottenhof.

Maximilian I., der Sohn Wilhelms V., lässt als erster Wittelsbacher Kurfürst mit ausreichend finanziellen Mitteln trotz des Dreißigjährigen Kriegs in großem Stil weiterbauen. Entlang der Residenzstraße entsteht die eindrucksvolle Schauseite der Palastanlage. Hinzu kommen Kaiserhof, Residenzturm und Apothekerhof.

Die vierte Bauphase unter Karl Albrecht (1726–45) und Max III. Joseph (1745–77) ist nach dem Abriss der letzten Reste der Alten Burg von weiteren Erweiterungsbauten wie den Reichen Zimmern, der Grünen Galerie und dem berühmten Cuvilliés-Theater gekennzeichnet. Die ebenerdige Ahnengalerie und vor allem die Grüne Galerie sowie das Cuvilliés-Theater gelten neben Schloss Amalienburg im Nymphenburger Park weltweit als unübertroffene Meisterwerke der überwältigenden Schöpfungskraft des François de Cuvilliés.

Nach dem überschwänglichen Formenreichtum des Rokoko hält mit der fünften und letzten Bauphase im 19. Jh. unter König Ludwig I. der kühle Klassizismus Einzug in die Residenz. Es entstehen u. a. das Nationaltheater, die Allerheiligen-Hofkirche und der Königsbau mit den Nibelungensälen.

➏ Schloss Nymphenburg ➡ bB/bC3/4
Tram 17, Bus 51/151: Schloss Nymphenburg
℡ (089) 17 90 80
www.schloss-nymphenburg.de
Tägl. Schloss April–Mitte Okt. 9–18, sonst 10–16, Park April–Okt. 6–20/21, sonst 6–18 Uhr
Eintritt € 11,50, im Winter € 8,50, bis 18 J. frei (Gesamtkarte Schloss, Parkburgen, Marstallmuseum)
2 der 21 Räume wegen Restaurierung bis Mitte 2020 geschlossen

– Marstallmuseum
Im Südflügel von Schloss Nymphenburg
Eintritt € 4,50, bis 18 J. frei (inklusive Porzellan-Sammlung)

Handgemalter Teller im Museum Nymphenburger Porzellan

Prunkkutsche Ludwig II., einer der Schätze im Marstallmuseum

In der ehemaligen Hofwagenburg der Kurfürsten und Könige stehen Prunkkarossen und Schlitten. Zu sehen ist auch die Bildergalerie der schönsten Pferde König Ludwigs II.

– Museum Nymphenburger Porzellan
Im Obergeschoss des Marstallmuseums, Öffnungszeiten wie dieses
Ausgestellt ist die Produktion der Nymphenburger Porzellanmanufaktur von 1747 bis in die 1920er Jahre.

Schnurgerade verläuft der Nymphenburger Kanal auf den Zentralbau der einstigen Sommerresidenz der Wittelsbacher zu. Kurfürst Ferdinand Maria dankte mit diesem Barockbau seiner Frau Henriette Adelaide 1662 für die Geburt des lang ersehnten Thronerben. Im Laufe der Jahrhunderte fügten dann Generationen von Wittelsbachern an den filigran wirkenden Mitteltrakt Galeriebauten und die über Eck gestaffelten Pavillons hinzu. Die Schaufront zur Stadt hin öffnet sich zu einem Ehrenhof mit einem aus Kavaliershäusern bestehenden Halbrund. Eine zweiläufige Treppenanlage führt vom Ehrenhof direkt in den Steinernen Saal, für dessen Architektur Enrico Zuccalli und Joseph Effner verantwortlich zeichnen. Für das heitere Deckenfresko – eine Allegorie der glücklichen Ehe Max III. Joseph mit Maria Anna Sophie von Sachsen – stieg der schon 76-jährige Johann Baptiste Zimmermann noch einmal auf die Leiter. Zu den bekanntesten Sehenswürdigkeiten zählt die »Schönheitsgalerie« Ludwigs I. 36 Frauen aus Aristokratie und Bürgertum schickte der königliche Schwerenöter seinem Hofmaler Joseph Stieler ins Atelier.

Der Spaziergang durch den rund 200 ha großen **Park** ist obligatorisch. Zu den aus kunsthistorischer Sicht überragenden Bauwerken zählt die  **Amalienburg**. Das zartrosa *Maison de plaisance* liegt versteckt im englischen Teil des Parks. Es ist ein Geschenk des Kurfürsten Karl Albrecht an seine Frau Maria Amalie. Mit diesem Rokoko-Kunstwerk von europäischem Rang erschuf François de Cuvilliés 1734 nach den Reichen Zimmern und dem nach ihm benannten Theater ein weiteres Denkmal seiner Unsterblichkeit. In der Badenburg, nur wenige Schritte von der Amalienburg entfernt, sollen die »Hoheiten« ab 1718 unter den Augen der Zuschauer auf der Galerie ihren leicht frivolen Badefreuden gefrönt haben. Auf der gleichen Höhe, nur auf der anderen Seite des Parks, steht die Pagodenburg. Sie wurde wie die Badenburg zwischen 1716 und 1719 nach den Plänen von Joseph Effner gebaut. Die Wände des Gartenpavillons sind mit kostbaren holländischen Kacheln versehen.

SeaLife München
Vgl. S. 168

Siegestor ➡ G9
Ludwigstr., U3/6, Bus 68/153/154: Universität
Zu Ehren des bayerischen Heeres betraut Ludwig I.
seinen Lieblingsarchitekten Friedrich von Gärtner mit
dem Entwurf zu diesem Triumphbogen nach dem Vorbild des Konstantinsbogens in Rom. Die Bavaria in der
Löwenquadriga wurde erst 1852 hinzugefügt.

Tierpark Hellabrunn ➡ aE4
Tierparkstr. 30
U3, Bus 52: Thalkirchen (Tierpark, Alemannenstr.), Tram
15/25: Tiroler Platz
℡ (089) 62 50 80
www.hellabrunn.de
Tägl. April–Okt. 9–18, Nov.–März 9–17 Uhr
Eintritt € 15/6 (4–14 J.), Familie € 33
Der Münchner Tierpark wurde 1911 eröffnet. Er liegt im
Landschaftsschutzgebiet der Isarauen. Zu den architektonischen, denkmalgeschützten Attraktionen zählen
u. a. das Elefantenhaus von 1913 und die Großvoliere
unter dem UV-transparenten Dach.
   Noch bis zum Jahr 2020 findet ein großes Umbau-
projekt statt. Dabei wird der weltweit erste Geo-Zoo
entstehen. Besucher erleben dann bei ihrem Rundgang
durch die Anlage die Tierwelt aller fünf Kontinente
(vgl. auch S. 168 f.). ◼

Lemuren im Tierpark Hellabrunn

*Italienische Baukunst spiegelt
sich in Schloss Nymphenburg
wider*

Übernachten

Wer sich jede Menge Stress ersparen will, sollte sich auf jeden Fall rechtzeitig um seine Unterkunft in der bayerischen Landeshauptstadt bemühen. Und wer einen Besuch während des Oktoberfestes plant, muss dies sowieso Monate im Voraus tun. In den letzten Jahren haben eine Reihe nicht gerade preisgünstiger Hotels in der Nähe des Bahnhofs ihre Türen geöffnet. Auch wenn die Bayerstraße zwischen dem Hauptbahnhof und dem Karlsplatz (Stachus) nicht als Edelmeile bezeichnet werden kann, ist man in wenigen Minuten zu Fuß im Zentrum. In den Stadtteilen Schwabing, Haidhausen oder Glockenbach dominieren kleine Hotels/Pensionen.

Die angegebenen Preiskategorien gelten für ein Doppelzimmer im Zentrum:

€ – 90 bis 160 Euro
€€ – 160 bis 220 Euro
€€€ – 220 bis 330 Euro und mehr

Bayerischer Hof ➡ K7/8
Promenadeplatz 2–6, Innenstadt
S1–8, U3/6: Marienplatz
☎ (089) 212 00
www.bayerischerhof.de
Spitzenhotel in zentraler Innenstadtlage. Das Haus bietet nicht nur seinen weltweit prominenten Gästen allen nur denkbaren Komfort. €€€

Fleming's ➡ K5
Bayerstr. 47, Innenstadt
S1–8, U1/2/4/5/7: Hauptbahnhof
☎ (089) 444 46 60, www.flemings-hotels.com
Das 4-Sterne-Hotel liegt schräg gegenüber vom Bahnhof und nur wenige Minuten vom Zentrum entfernt. Das Hotel verwöhnt seine Gäste mit einer hochwertigen Ausstattung von innovativer Eleganz und einer wohltuend gediegenen Atmosphäre. €€€

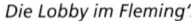
Die Lobby im Fleming's

Hotel an der Oper ➡ K/L9
Falkenturmstr. 10, Innenstadt
Tram 19: Nationaltheater oder Kammerspiele

HOTEL BAYERISCHER HOF

München, Bayern

Ihre liebsten Gäste empfängt die Chefin persönlich. Im hellen Hosenanzug steht Innegrit Volkhardt in der Lobby; so groß und schlank ist sie, dass sie herausragt aus dem Gewusel. Ein halbes Dutzend Fotografen streunen durch die Halle, auf der Jagd nach frischem Futter für die Klatschspalten der Boulevardpresse.

Innegrit Volkhardt versorgt sie gern. In diesen Tagen mehr noch als im Rest des Jahres. Top-Sportler, Top-Schönheiten, Top-Manager, Top-Politiker. Alle laufen der Hotelchefin in die Arme, berichten Zeitungen.

Es ist die Zeit der Fußballweltmeisterschaft in Deutschland, als ihr Haus, der »Bayerische Hof« am Münchner Promenadenplatz, wieder einmal zur inoffiziellen Anlaufstelle für Promis wird. Und darüber hinaus sogar offizielles Hauptquartier der FIFA, was kein Problem ist. Denn mit anspruchsvollen Reisenden kennt man sich bestens aus im weltweit renommierten Fünf-Sterne-Hotel der Sonderklasse: Prinzen (unlängst war einer aus Brunei da), Könige (Ludwig I. höchstselbst kehrte zweimal pro Monat ein) Kaiserinnen (Sisi aus Österreich mietete alljährlich ganze Etagen für ihren 60-köpfigen Hofstaat) und Hollywoodgrößen. Selbst Gäste wie Michael Jackson hat das Haus überstanden – und noch heute kommen Fans, um die Gardinen seines Zimmers anzufassen.

Seit mehr als 100 Jahren ist der »Bayerische Hof« ein Familienunternehmen. 70 Millionen Euro hat die Chefin ins Wettrüsten der Luxushotels investiert, gegen den plüschigen Oma-Charme. Eine gelungene Attacke.

Beeindruckend ist der Luxus in den 350 Zimmern und Suiten, in einer ungewöhnlichen Vielfalt gestaltet, von kolonial bis zeitlos modern. Anspruchsvolle Multimediatechnik ist ebenso selbstverständlich wie ein perfekter 24-Stunden-Roomservice. Das Hotel beherbergt

Atrium im Hotel Bayerischer Hof München.

sechs Bars sowie drei der renommiertesten Restaurants der Stadt. Der Wellnessbereich mit mehreren Saunen, Physiotherapeuten, Beauty-Center, Friseur und Sonnenterrassen dehnt sich über drei Etagen aus. Das Fitnesscenter mit Blick auf die Frauenkirche wurde vom ehemaligen Mister Universe Ralf Möller konzipiert. Und das Dachgartenschwimmbad mit verstellbarem Glashimmel setzt dem Meisterwerk die Krone auf.

INFO: In unmittelbarer Nähe des Hbf. München gelegen. **INFO HOTEL BAYERISCHER HOF:** Promenadeplatz 2–6, 80333 München, Tel. (089) 212 00, www.bayerischerhof.de, Preise auf Anfrage.

Farbenfrohes Zimmer in das HOTEL in München

✆ (089) 290 02 70
www.hotelanderoper.com
Mitten im historischen Zentrum gelegen, kann man von dem relativ kleinen, noblen Hotel aus den gesamten Stadtkern zu Fuß erlaufen. €€€

Hotel Drei Löwen ➡ L6
Schillerstr. 8, Innenstadt
S1–8, U1/2/4/5/7: Hauptbahnhof
✆ (089) 55 10 40
www.hotel3loewen.de
Das Traditionshotel in unmittelbarer Nähe des Hauptbahnhofs liegt nicht unbedingt in der feinsten Gegend, gehört aber zu den komfortabelsten Häusern der Stadt. Alle Sehenswürdigkeiten lassen sich bequem zu Fuß erreichen. €€€

Hotel Exquisit ➡ M6
Pettenkoferstr. 3, Glockenbachviertel
U1–3/6/7, Tram 16–18/27/28: Sendlinger Tor
✆ (089) 551 99 00, www.hotel-exquisit.com
Das kleine Hotel darf zu Recht als ein Kleinod bezeichnet werden. Es liegt in unmittelbarer Nähe des Sendlinger-Tor-Platzes. €€€

das HOTEL in München ➡ H8
Türkenstr. 35, Schwabing
Tram 27/28, Bus 100: Pinakotheken/Brandhorst
✆ (089) 288 14 00
www.das-hotel-in-muenchen.de

An der Grenze zwischen Innenstadt und Schwabing ist dieses Haus die richtige Adresse für all jene, die Wert auf kurze Wege zu den Pinakotheken sowie auch zu den Hauptsehenswürdigkeiten der Stadt legen. €€

Hotel am Markt ➡ L8
Heiliggeiststr. 6, Innenstadt
S1–8, U3/6: Marienplatz
℡ (089) 22 50 14
www.hotel-am-markt.eu
Hotel Garni direkt am Viktualienmarkt. Geboten werden eher schlicht eingerichtete Zimmer in einem gepflegten alten Stadthaus mit viel Geschichte. Von hier sind es nur drei Minuten bis zum Marienplatz. €€

Hotel Isartor ➡ M9
Baaderstr. 2–4, Innenstadt
S1–8, Tram 16/17: Isartor
℡ (089) 216 33 40, www.hotel-isartor.de
Sowohl das Deutsche Museum als auch der Marienplatz sind von diesem zentral gelegenen modernen Stadthotel gut zu Fuß zu erreichen. €€

Hotel-Pension Carolin ➡ G9
Kaulbachstr. 42, Schwabing
U3/6, Bus 68/153/154: Universität
℡ (089) 34 57 57
www.pension-carolin.com

Gemütlich frühstücken in der Hotel-Pension Carolin

Einladend: das Motel One

Die komfortable Pension liegt in Schwabing im Rücken der Universität, also mitten im lebendigen, jungen Viertel mit Tradition und einer großen Vergangenheit. Sowohl zum Englischen Garten, zum Museumsviertel, aber auch zur Innenstadt kann, wer will, zu Fuß laufen. €€

Hotel Uhland ➡ M4/5
Uhlandstr. 1, Westend
U4/5: Theresienwiese
✆ (089) 54 33 50, www.hotel-uhland.de
Ein kleines, komfortables Hotel oberhalb der Theresienwiese. Für Stadtausflüge bietet sich die U-Bahn an, die nur wenige Schritte vom Haus entfernt ist. €€

New Orly ➡ westl. H3
Gabrielenstr. 6, Neuhausen
U1: Maillingerstraße, Bus 53/63/153: Schlörstraße
✆ (089) 12 10 60
www.hotel-orly.de

Das Hotel liegt ruhig und dennoch sehr verkehrsgüns-
tig (U-Bahn) parallel zur Nymphenburger Straße und
bietet sich somit auch als geeigneter Ausgangspunkt
für Stadtbesichtigungen an. €€

Ars Vivendi ➡ aD4
Anglerstr. 19
U-Bahn 4, 5: Schwanthaler Höhe
℡ (089) 508 07 00
www.hotel-ars-vivendi.de
Das gehobene Mittelklasse-Hotel liegt oberhalb der
Theresienwiese. Wer also frühzeitig zum Oktoberfest
bucht, kann sich von hier aus nach einem kurzen Spaziergang ins Getümmel stürzen. €€

Mariandl ➡ M5
Goethestr. 51, Ludwigsvorstadt
U3/6: Goetheplatz, Bus 58: Beethovenplatz
℡ (089) 552 91 00
www.mariandl.com
Ein kleines, liebenswertes, besonderes Hotel mit haus-
eigenem Café und Restaurant. Die mit Antiquitäten
eingerichteten Zimmer bieten ihren Gästen ein ganz
spezielles Flair. An Wochenenden kann man hier bis
16 Uhr frühstücken und das ständig wechselnde Musikprogramm (viel Jazz, aber auch Klassik) lockt seit
Jahren ein enthusiastisches Stammpublikum an. €-€€

Motel One ➡ M7
Herzog-Wilhelm-Str. 28, Altstadt
U1–3/6/7, Tram 16–18/27/28: Sendlinger Tor
℡ (089) 51 77 72 50
www.motel-one.com
Im fußgängerfreundlichen Zentrum gelegen bietet
das Haus den nötigen Komfort für einen bezahlbaren
Stadturlaub. Am Abend lässt sich der Besuch in einem
der bekannten Theater oder der vielen Lokale mit einem gemütlichen Spaziergang verbinden. €

Smart Stay Hostel Munich City ➡ N5
Mozartstr. 4, Ludwigvorstadt
U 3/6: Goetheplatz
℡ (069) 558 79 70
www.munichcity.smart-stay.de

Zimmer mit individueller Note in der Pension Gärtnerplatz

Das preisgünstige Hotel am Rand des Innenstadtbereichs bietet seinen Gästen einfache, aber mit ausreichend Komfort ausgestattete Zimmer inklusive Frühstück. €

Pension Gärtnerplatz ➡ M/N8
Klenzestr. 45, Gärtnerplatzviertel
U1/2/7: Fraunhoferstraße
☎ (089) 202 51 70, www.pensiongaertnerplatz.de
Die Szenekneipen des Glockenbachviertels liegen gleich um die Ecke. Jedes der eher kleinen Zimmer ist individuell mit leichtem Hang zu einem etwas gewöhnungsbedürftigen, gepflegten Retrolook eingerichtet. €

Bed & Breakfast
www.bedandbreakfast.de/muenchen
Unter dieser Webadresse finden Sie Apartments und Ferienwohnungen ab zwei Tagen zu zivilen Preisen.

Campingplatz am Langwieder See ➡ aB2
Eschenriederstr. 119
☎ (089) 864 15 66
www.camping-langwieder-see.de
Ganzjährig geöffnet
Der idyllische Campingplatz im Nordwesten Münchens liegt inmitten von Wald und Feld direkt am Langwieder See. ■

Ein Extra im Smart Stay Hostel Munich City: der Billardtisch

*Willkommen im Bier-Himmel:
Trachtler im Biergarten*

Essen und Trinken
Restaurants, Cafés, Brauhäuser, Biergärten

Bayern ist bekannt für seine deftige Küche. Natürlich wird auch hier nicht überall der Knödel in Handarbeit hergestellt und der geliebte Schweinsbraten gart häufig auch nicht mehr stundenlang im »Rohr«, sondern wird vorgefertigt fix in die Mikrowelle geschoben. Dennoch, wer es bodenständig mag, ist mit einem Besuch in einer der großen Traditionsgaststätten gut beraten.

Neben der bayerischen Küche unterschiedlichster Kategorie verwöhnen Spitzenköche der Edellokale ihre Gäste mit den ausgefallensten Kreationen. Um die 5000 Gaststätten buhlen in München um den kritischen Gast. Noch nie war die Landeshauptstadt mit so vielen Spitzenlokalen bestückt wie heute. Und großer Beliebtheit erfreuen sich die Lokale, die mit landestypischen Gerichten der Region punkten.

Zu den beliebtesten Einrichtungen der Stadt zählen während der warmen Jahreszeit die Biergärten. Statt zu Hause auf dem Balkon zu Abend zu essen, packt man die »Schmankerl« inklusive Geschirr und Tischtuch in den Korb und begibt sich an einen der Tische unter mächtigen Kastanien. Vor Ort besorgt man sich dann nur noch ein Bier. Wer es einfacher haben will, kann sich auch an einem der Verkaufsstände eine typische Brotzeit zu – meist überhöhten Preisen – selbst zusammenstellen.

Das Orlandohaus überzeugt mit opulenter Ausstattung und hervorragender Küche

Die folgenden Preiskategorien gelten jeweils für ein Hauptgericht ohne Getränk. Viele Restaurants bieten um die Mittagszeit Sonderpreise an.

€   – bis 15 Euro
€€   – 15 bis 40 Euro
€€€   – 40 bis 70 Euro und mehr

Restaurants, Cafés

Innenstadt:

 Orlandohaus ➡ L9
Platzl 4
S1–8, U3/6: Marienplatz, Tram 19: Kammerspiele
✆ (089) 216 69 00, www.schuhbeck.de
Tägl. 9–24 Uhr
Schuhbecks Bistro-Café in unmittelbarer Nähe des Hofbräuhauses ist nicht wirklich preiswert, aber dafür exzellent. Warum den Urlaubstag nicht einmal mit einem fürstlichen Frühstück beginnen und ganz nebenbei die opulente Ausstattung des großzügigen Raums genießen? €€

Pfälzer Residenz Weinstube ➡ K8
Residenzstr. 1, U3–6, Bus 100/153: Odeonsplatz, Tram 19: Nationaltheater

Von Weißwürsten und anderen Schmankerln

Ausgezogne	–	Tellergroße Hefeteigscheiben, die schwimmend in Öl ausgebacken werden und mit Puderzucker bestreut zum Nachtisch oder zum Kaffee serviert werden
Blaukraut	–	Rotkohl
Brezen	–	Brezel
Dampfnudeln	–	Faustgroße Hefeknödel, die in Milch und Butter gedämpft werden und mit Vanillesauce auf den Tisch kommen
Datschi	–	Hefe- oder Mürbeteigblechkuchen, dicht belegt mit Zwetschgen (Pflaumen)
Fleischpflanzerl	–	Frikadelle, Bulette
Haxn	–	gebratene Schweinshaxe
Kaisersemmel	–	sechsfach eingeschnittenes Brötchen
Krautwickel	–	Kohlroulade
Leberkäs	–	Er besteht zu gleichen Teilen aus fein zerkleinertem Schweine- und Kalbfleisch und wird mit Eiern, etwas Mehl und Gewürzen in einer Form gebacken.
Obazter	–	Brotaufstrich aus einer Mischung aus Camembert, Butter, Kümmel, Paprika und gehackten Zwiebeln
Presssack	–	Schwartenmagen mit Essig und Öl
Radi	–	Rettich. Er gehört unbedingt in den Korb für den Biergarten. Könner schneiden ihn mit dem Messer zu einer Spirale, die dann kräftig mit Salz bestreut wird. Er wird »weinend« gegessen.
Radlermaß	–	Bier mit Zitronenlimonade
Reiberdatschi	–	Kartoffelpuffer
Russn	–	Weizenbier mit weißer Zitronenlimonade
Schwammerl	–	Pilze
Steckerlfisch	–	Auf einem Stock aufgespießte, über Holzkohle gebratene Makrelen
Tellerfleisch	–	Die Qualität dieses Gerichts gilt als Visitenkarte eines Lokals: Zartes Rindfleisch, in einer kräftigen Brühe weich gekocht, wird auf einem Holzteller mit Meerrettich und scharfem Senf serviert.
Wammerl	–	Frisches, geräuchertes, fettes Bauchfleisch, kommt meistens mit Kraut und Knödel auf den Tisch
Weißwurst	–	Sie wird aus frischem Kalbsbrät, Speck und Petersilie hergestellt und mit Brezen und süßem Senf serviert.

Weißwurst, serviert mit süßem Senf

Das Gartenlokal Park Café

✆ (089) 22 56 28
www.pfaelzerweinstube.de
Tägl. 10.30–0.30 Uhr
Eines der bekannten Traditionslokale der Stadt. Hier treffen sich unter den hohen Gewölben ambitionierte Weintrinker und Liebhaber der pfälzischen Küche. Im Sommer reihen sich die Tische die Straße entlang und bieten dem Gast einen Logenplatz gegenüber der Theatinerkirche. €€

Kulisse ➡ L9
Maximilianstr. 26
Tram 19: Kammerspiele
✆ (089) 29 47 28
www.kulisse-restaurant.de
Mo–Sa 8.30–1, So 17–1 Uhr
Man trifft sich vor und nach den Vorstellungen in den Kammerspielen im selben Haus zu einer kleinen Mahlzeit. Es empfiehlt sich auf jeden Fall, rechtzeitig einen Tisch zu bestellen. Tagsüber lässt sich je nach Jahreszeit vor oder hinter den großen Scheiben genüsslich das Treiben auf Münchens Prachtboulevard beobachten. €–€€

Park Café ➡ K6
Sophienstr. 7
S1–8, U4/5, Tram 16–22/27/28: Karlsplatz (Stachus)
✆ (089) 51 61 79 80
www.parkcafe089.de
Mo–Do 11–1, Sa/So/Fei 10–24 Uhr
Nur wenige Schritte vom Stachus entfernt liegt am Rand des alten Botanischen Gartens dieses stilvolle Gartenlokal, das sich vor allem an warmen Tagen für eine entspannende Pause anbietet. €–€€

Café Maelu ➡ K8
Theatinerstr. 32
U3–6, Bus 100/153: Odeonsplatz
✆ (089) 24 29 25 97
www.maelu.de
Mo–Fr 10–19, Sa 10.30–19, So 13–18 Uhr
Diese Confiserie hat es geschafft, eine Münchner Institution zu werden. Das junge Team zaubert mit professionellem Einsatz himmlische Kreationen. Der Laden

bietet seinen Kunden neben Törtchen und Torten gött-
liche Pralinen, die nicht nur gut schmecken, sondern
auch toll aussehen. €

Schwabing:

Bar Giornale ➡ G9
Leopoldstr. 7
U3/6: Giselastraße
℃ (089) 33 20 00
www.bar-giornale.com
Mo–Do 8–1, Fr 8–2, Sa 9–2, So 9–24 Uhr
So etwas wie eine Offenbarung inmitten des allgemei-
nen Einheitsangebots entlang der Leopoldstraße. Der
Raum im Lounge-Stil lädt zu einem gemütlichen Ge-
spräch mit Freunden. Im Sommer lockt die geräumige
Terrasse. Kleine, exzellente, wechselnde Karte. €–€€

Café Reitschule ➡ F10
Königinstr. 34, U3/6: Giselastraße
℃ (089) 388 87 60
www.cafe-reitschule.de
Mo–Fr 11.30–24, Sa 9–24, So/Fei 9–19 Uhr
An Wochenenden wird es an und in diesem Szenelokal
verflixt eng, der Lärmpegel ist heftig, was der Beliebtheit nicht schadet. €–€€

Verführung pur: Törtchen im Café Maelu

Angesagt: das Café Reitschule

Appetitliche Häppchen im Café in der Glyptothek

Il Mulino ➜ G7
Görresstr. 1
U2, Bus 153/154: Josephsplatz
✆ (089) 523 33 35
www.ristorante-ilmulino.de
Tägl. 11.30–24 Uhr
Der Szene-Schwabinger gegenüber dem verwunschenen Alten Nördlichen Friedhof liegt etwas abseits, ist aber mittags und abends immer gut besucht. Antipasti, Pasta, Pizza, Pesce vom Feinsten; die Karte ist streng italienisch. €–€€

Kalypso ➜ F7
Agnesstr. 8
U2: Josephsplatz, Tram 27: Elisabethplatz
✆ (089) 20 03 86 86
www.kalypso.de, tägl. 17–24 Uhr
Der Grieche um die Ecke punktet mit exzellenten Fischgerichten und außergewöhnlicher Weinkarte. Beliebtes Stammlokal gut situierter Schwabinger. €–€€

Café in der Glyptothek ➜ J6
Königsplatz 3
U2/8, Bus 100: Königsplatz, Tram 27: Karolinenplatz
✆ (089) 28 80 83 80
Tägl. 10–17, Do bis 20 Uhr
Das ganz besondere Museumscafé. Wirklich einmalig ist die Atmosphäre im stillen Innenhof während der warmen Jahreszeit. Die ersten sonnigen Frühlingstage unter azurblauem Föhnhimmel lassen durchaus Vergleiche mit Griechenland zu. €

Schelling-Salon ➜ G8
Schellingstr. 54
Tram 27/28, Bus 153/154: Schellingstraße
✆ (089) 272 07 88
www.schelling-salon.de
Mo 10–0.30, Do–Sa 10–1 Uhr, So 10–24 Uhr
Für viele war und ist diese Traditionswirtschaft mit ihren Billardtischen und der bodenständigen bayerischen Küche ein zweites Zuhause. Auf dem langen, häufig beschwerlichen Weg zum Ruhm verkehrten hier in ihren jungen Jahren z.B. Lenin, Brecht, Rilke, Ibsen, Kandinsky, Marc, Ringelnatz und viel später auch Fassbinder. €

Haidhausen:

Vinaiolo ➡ M11
Steinstr. 42
S1–4, S6–8: Rosenheimer Platz, Tram 15/25: Wörthstraße
✆ (089) 48 95 03 56
www.vinaiolo.de
Tägl. 12–14 und 18.30–22.30 Uhr, Sa nur abends
Hier kommen neben allseits bekannten Klassikern der
italienischen Küche auch ausgefallenere Spezialitäten
aus Venetien, Friaul und der Kampagne auf den Tisch.
In wunderschönem Ambiente: Die alten Holzmöbel er-
wecken einen Kaufmannsladen der Jahrhundertwende
zum Leben. €€

Zum Kloster ➡ aD5
Preysingstr. 77, U4/5: Max-Weber-Platz
✆ (089) 447 05 64
Tägl. 10–1 Uhr
Kaum zu glauben, dass so ein Wirtshaus mit knarzen-
den Dielen noch mitten in Haidhausen steht! Nichts
ist aufgehübscht, nichts dem Zeitgeist angepasst. Die
Nachbarschaft liebt es und kommt mit Kind und Ke-
gel. Die Küche ist bodenständig lecker. Ein Traum im
Frühling unter blühenden Bäumen, Tische und Stühle
stehen auf verkehrsberuhigtem Kopfsteinpflaster. €–€€

Ob Helles oder Weißbier:
Sobald das Wetter mitspielt,
werden die Getränke in
Münchens Innenstadt draußen
serviert

Glockenbachviertel:

Fraunhofer ➡ M/N7
Fraunhoferstr. 9
U1/2/7: Fraunhoferstraße, Tram 16–18: Müllerstraße
Lokal: ✆ (089) 26 64 60
Theater: ✆ (089) 26 78 50
www.fraunhofertheater.de
Tägl. 16.30–1, Sa ab 11, So ab 10 Uhr, Theater je nach Programm
Die Wirtschaft gehört zu den seltenen im Urzustand belassenen Altmünchner Traditionsgasthäusern. Hier sitzt man auf Tuchfühlung mit dem Nachbarn. Auf den Teller kommen bodenständige Gerichte. Das kleine Theater im Hinterhof bietet ambitionierte Kleinkunst. €–€€

Tabula Rasa ➡ N7
Holzstr. 18
Tram 16–18: Müllerstraße
✆ (089) 23 23 18 71
www.cafetabularasa.de
Mo–Fr 8–22, Sa/So 9–20 Uhr
Nichts passt so richtig zusammen, und genau das macht das kleine Lokal so sympathisch. Geboten wird Bio-Küche in Form von würzigen Gemüsegerichten. Auch der Schokokuchen ist prima. €

Westend/Schwanthalerhöhe:
U4/5: Schwanthaler Höhe

Zur Schwalbe ➡ aD4
Schwanthalerstr. 149
Tram 18/19: Schrenkstraße
✆ (089) 23 02 14 47
www.zurschwalbe.com
Mo–Fr 11.30–24, Sa 17.30–24, So 11.30–24 Uhr
In dem gemütlichen Traditionsgasthof mit einem kleinen Garten werden internationale Gerichte serviert. €€

Café Westend ➡ aD4
Ganghoferstr. 50
✆ (089) 50 83 41
www.cafe-westend.com
Tägl. 9–1 Uhr

Traditionell: Zur Schwalbe

Eine der angesagten Adressen des Viertels. Zum Frühstück am Wochenende sollte man rechtzeitig reservieren, abends gibt es bei Kerzenschein köstliche Gerichte. €

Caffè Ristretto ➧ aD4
Kazmairstr. 30
Bus 53/63: Kazmairstraße
℡ (089) 74 38 94 03
www.cafferistretto.de
Mo–Fr 8–20, Sa 10–18 Uhr
Bei schlechtem Wetter kann es mittags schon mal eng werden in dem winzigen ehemaligen Tante-Emma-Laden. Rund um die wenigen Stehtische drängeln sich dann die Liebhaber der italienischen Küche und genießen typische, frisch zubereitete Gerichte. €

Das Neue Kubitscheck ➧ aD4
Gollierstr. 14
Bus 53/63: Gollierplatz
℡ (089) 72 66 92 22
www.das-neue-kubitscheck.de
Mo–Fr 9–22, Sa/So 10–22 Uhr
Leckere, selbst gebackene Kuchen, frische Sandwiches und täglich wechselnde kleine Mittagsgerichte. €

Heldenspeisen ➧ aD4
Heimeranstr. 49
Bus 53/63: Heimeranplatz
℡ (089) 17 92 99 40
www.heldenspeisen.de
Mo–Fr 10–17 Uhr
Die kleine, schlicht gestylte Salatbar (wenige Tische) mitten im Westend bietet leckere Salate und kleine herzhafte Speisen wie Suppen, Kartoffeltortilla oder Zucchini-Feta-Tarte. €

Marais ➧ L3
Parkstr. 2
℡ (089) 50 09 45 52
Di–Sa 8–20, So 10–18 Uhr
www.cafe-marais.de
In der komplett erhaltenen Innenausstattung eines Kurzwarengeschäfts der vorletzten Jahrhundertwende

Auch Weintrinker kommen in München auf ihre Kosten

sitzt man bei duftendem Kaffee, köstlichem Kuchen oder kleinen Gerichten zwischen käuflichen Flohmarktartikeln. €

Wirtshaus am Bavariapark ➡ M3
Theresienhöhe 15
✆ (089) 45 21 16 91
www.wirtshaus-am-bavariapark.com
Mo–Fr 11–24, Sa/So 10–24 Uhr
Das Gasthaus liegt im Schatten mächtiger Kastanien. Die Speisekarte verspricht deftige bayerische Küche. €

Neuhausen/Nymphenburg:

Kurfürst Maximilian La Trattoria ➡ aC4
Waisenhausstr. 63, U1/7: Gern
✆ (089) 157 10 58
www.kurfuerst-maximilian.de
Di–Sa 11.30–23.30, So 11.30–22.30 Uhr
Der Name verrät nicht unbedingt, dass in dem kleinen, gemütlichen Speiselokal eine ausgezeichnete italienische Küche auf den Tisch kommt. Für den Abend unbedingt einen Tisch reservieren. €€

Café Ruffini ➡ aC3
Orffstr. 22–24. Tram 12: Neuhausen
✆ (089) 16 11 60, www.ruffini.de
Tägl. außer Mo 10–24 Uhr

Das Marais: nostalgisch und modern zugleich

Stadtbekannt: die Eiskonditorei Sarcletti

In der warmen Jahreszeit lässt es sich bei kleinen Gerichten, köstlichen Kuchen oder nur einem Cappuccino auf der Dachterrasse herrlich relaxen. Alternativ, ungezwungen – und ein Wohlfühlort. €

Eiskonditorei Sarcletti ➡ aC4
Nymphenburger Str. 155
U1/7: Rotkreuzplatz
☎ (089) 15 53 14
www.sarcletti.de
Tägl. ab 9, April–Sept. bis 23/23.30, März und Okt. bis 22, Feb. und Nov. bis 21 Uhr
Nicht nur an heißen Sommertagen geht es in dieser stadtbekannten Eisdiele hoch her. Auch wer sich mit einer dieser köstlichen Kreationen auf der Faust zufrieden gibt, muss sich in die Warteschlange einreihen. €

Schlosscafé im Palmenhaus ➡ bB3
Schloss Nymphenburg, Eingang 43
Tram 17: Schloss Nymphenburg
☎ (089) 17 53 09
www.palmenhaus.de
Di–Fr 11–18, Sa/So/Fei 10–18 Uhr, Mo bei schönem Wetter Kiosk geöffnet, Jan./Feb. geschlossen.
Im Sommer wird im Rosengarten serviert, im Winter kann der Gast geschützt unter Palmen südländischen Träumen nachhängen. €

Wirtshaus Zum Augustiner

Brauhäuser

Zum Franziskaner ➜ K8
Residenzstr. 9, U3–6, Bus 100/153: Odeonsplatz, Tram 19: Nationaltheater
✆ (089) 231 81 20
www.zum-franziskaner.de
Tägl. 9.30–24 Uhr
In der Traditionsgaststätte gibt es schon zum Früh-schoppen frische Weißwürste oder Leberkäs. €€

Zum Augustiner ➜ L7
Neuhauser Str. 27
S1–8, U4/5, Tram 16–22/27/28: Karlsplatz (Stachus)
✆ (089) 23 18 32 57
www.augustiner-restaurant.com
Tägl. 10–24 Uhr
Unverfälschte oberbayerische Gasthauskultur. Das einzige Lokal der Stadt, dessen Innenausstattung original aus der Prinzregentenzeit stammt. Highlight ist in der warmen Jahreszeit der einzigartige kleine Biergarten mit italienischem Flair. €–€€

❸ Hofbräuhaus ➜ L9
Platzl 9
S1–8, U3/6: Marienplatz
✆ (089) 290 13 61 00
www.hofbraeuhaus.de
Tägl. 9–24 Uhr

Man kann München nicht verlassen, ohne im berühmtesten Wirtshaus der Welt gewesen zu sein. Dicht an dicht hocken hier die Gäste aus aller Welt auf harten Bierbänken bei der Maß. Der Lärmpegel ist sehr gewöhnungsbedürftig. Im Sommer sollte man an den Tischen im Schatten mächtiger Kastanien im wunderschönen Biergarten Platz nehmen. €

Hofbräukeller ➜ M11
Innere Wiener Str. 19, Haidhausen
U4/5, Tram 15/17/19/25: Max-Weber-Platz/Johannisplatz
℡ (089) 459 92 50
www.hofbraeukeller.de
Tägl. 10–24 Uhr
Klassiker wie Schweinebraten gibt es bei guter Qualität zu bürgerfreundlichen Preisen. Die heißgeliebte Traditionswirtschaft hoch über der Isar besitzt einen Biergarten unter alten Kastanien. €

Schneider Bräuhaus ➜ L8/9
Tal 7, S1–8, U3/6: Marienplatz
℡ (089) 290 23 80
www.schneider-brauhaus.de
Tägl. 8–0.30 Uhr
Die Küche prunkt mit ehrlicher, original bayerischer Hausmannskost. Urige Gemütlichkeit in den verschiedenen Sälen. €

»In München steht ein Hofbräuhaus …«

Im Englischen Garten: das Hirschau

Liegt idyllisch am Klein-hesseloher See: das Seehaus

Biergärten

Augustiner Keller ➡ J4
Arnulfstr. 52
S1–8: Hackerbrücke, Tram 16/17: Hopfenstraße
℡ (089) 59 43 93, www.augustinerkeller.de
Tägl. 11–24 Uhr
Traditionsreicher Biergarten unter alten Kastanien. €€

Hirschau ➡ aC5
Gyßlingstr. 15, Englischer Garten
Bus 54/154: Chinesischer Turm
℡ (089) 36 09 04 90, www.hirschau-muenchen.de
Mo–Fr 11–23, Sa/So 10–23 Uhr
Punktet mit junger, bayerischer Küche und einem gro-ßen Spielplatz. €€

Seehaus ➡ E12
Kleinhesselohe 3, Englischer Garten
U3/6: Münchner Freiheit, Bus 144: Osterwaldstraße
℡ (089) 381 61 30, www.kuffler.de
Tägl. 10–1 Uhr
Wunderschön am Kleinhesseloher See gelegen. €€

Chinesischer Turm ➡ G11
Englischer Garten 3, U3/6: Giselastraße, Tram 17: Tivoli-straße, Bus 54/154: Chinesischer Turm
℡ (089) 38 38 73 19, www.chinaturm.de
Tägl. ab 10 Uhr
Mit rund 7000 Plätzen der zweitgrößte Biergarten der Stadt und beliebter Treffpunkt. €

Hirschgarten ➡ bE5
Hirschgarten 1, Nymphenburg
S1–6/8: Hirschgarten, Tram 16/17: Steubenplatz

Bier als Nationalgetränk

MÜNCHNER BIERGÄRTEN

München, Bayern

So lange es die Sonne von Frühjahr bis Herbst zulässt, dauert Münchens Biergartenzeit. Ob Jung oder Alt, Reich oder Arm, im Biergarten treffen sich die Münchner, um gemeinsam die weltberühmte Gemütlichkeit bei einer frischen Maß zu erleben. Und die Gäste der Stadt sind herzlich eingeladen sich dazuzusetzen!

Die ersten bayerischen Biergärten gab es schon im 16. Jahrhundert. Brauen war damals lediglich zwischen September und April erlaubt. Im Sommer wurde die Produktion wegen zu hoher Brandgefahr verboten. Um das Bier zu lagern, wurden spezielle Keller gebaut, meist in der Nähe der Brauereien (z. B. der Hofbräukeller am Wiener Platz). Da jedoch der hohe Grundwasserspiegel in München tiefe Keller ausschloss,

Vom Frühjahr bis in den Herbst währt Münchens Biergartenzeit.

musste dafür gesorgt werden, dass die Gewölbe möglichst kühl angelegt waren. Deshalb wurden in unmittelbarer Nähe meist Schatten spendende Bäume wie die großblättrige und robuste Kastanie gepflanzt.

Die Brauer stellten Tische und Bänke vor die Tür und boten das frische Bier zum Verzehr an. Eine Tradition, eingeführt von König Ludwig I., hat bis heute Bestand: Das Mitbringen von Brotzeiten ist ausdrücklich erlaubt. Eine Sitte, die erfahrene Biergartenbesucher uneingeschränkt nutzen, auch wenn vor Ort leckeres Essen serviert wird. Besonders beliebt sind Brezen (Brezeln), Radi (Rettich), Kartoffelsalat und Obazda (ein speziell zubereiteter Käse).

Am Chinesischen Turm, im Herzen des Englischen Gartens, liegt Münchens zweitgrößter Biergarten mit 7000 Plätzen. Er wird größtenteils von Touristen, Studenten und Lebenskünstlern aus aller Welt bevölkert. Die Gäste treffen auf ein paar verstreute Münchner Originale. Dazu gibt's an den Wochenenden nachmittags zünftige Blasmusik.

Der Biergarten »Zum Aumeister« (2500 Plätze) am Nordrand des Englischen Gartens, weit ab vom Trubel der Gartenmitte und des Seehauses, ist eher ein ruhiger Ausflugsort. Familien oder Leute, die es etwas besinnlicher mögen, sind hier bestens aufgehoben.

Aber auch der »Augustiner Keller«, obwohl mitten in der Stadt gelegen, fast direkt neben den Gleisen des Hauptbahnhofs, ist eine Oase der Ruhe. Junge Leute mischen sich mit alten Bierdimpfeln, dazu kommt die halbe Belegschaft des Bayerischen Rundfunks. Wird's im ältesten Biergarten Münchens zu heiß, bietet der ehemalige Eiskeller Abkühlung. Das urige Biergewölbe, acht Meter unter der Erde, bietet reichlich Platz zum Feiern.

INFO CHINESISCHER TURM: Englischer Garten 3, 80538 München, Tel. (089) 38 38 73 19, www.chinaturm.de, Öffnungszeiten tägl. ab 10 Uhr. Preise auf Anfrage. **INFO ZUM AUMEISTER:** Sondermeierstr. 1, 80939 München (Freimann), Tel. (089) 18 93 14 20, www.aumeister.de, Öffnungszeiten Di–Sa 11–23, So 11–18/20 Uhr. Preise auf Anfrage. **INFO AUGUSTINER KELLER:** Arnulfstr. 52, 80335 München (Haidhausen), Tel. (089) 59 43 93, www.augustinerkeller.de, Öffnungszeiten tägl. 11–24 Uhr, Preise auf Anfrage.

Deftige Brotzeit

✆ (089) 17 99 91 19, www.hirschgarten.de
Im Sommer 11.30–24 Uhr
Mit 8000 Plätzen der größte Biergarten der Stadt. €

Löwenbräukeller ➡ H5
Nymphenburger Str. 2, Maxvorstadt
U1/7: Stiglmaierplatz
✆ (089) 52 60 21, www.loewenbraeukeller.com
Tägl. 10–24 Uhr
Direkt am geschäftigen Stiglmaierplatz gelegen. Oft wird ein ganzer Ochs am Spieß gegrillt. €

Nockherberg ➡ aD5
Hochstr. 77, Haidhausen
S1–8: Rosenheimer Platz, Tram 15/25: Ostfriedhof
www.paulaner-nockherberg.com
Tägl. 11–24 Uhr
Beliebter Biergarten unter Schatten spendenden Kastanien. €

Viktualienmarkt ➡ L8
Viktualienmarkt 3, Zentrum
 S1–8, U3/6: Marienplatz
✆ (089) 89 06 82 05
Einer der schönsten Märkte Europas für Feinschmecker und Genießer. Ein Paradies für die Sinnesfreuden. € ■

Bier

Getreu dem »Münchner Reinheitsgebot«, einem Gesetz aus dem Jahr 1487, wird noch heute das Bier nach einem streng gehüteten Rezept gebraut. Es wird aus Hopfen, Wasser, Hefe und Malz hergestellt. Das klingt zunächst simpel, aber die Mischung macht's. Der Herstellungsprozess erfolgt auf natürlicher Basis, es werden also keine Konservierungsmittel verwendet. Diese Bestimmungen gelten auch für Exportbiere. Um sie transportfähig zu machen und ihre Haltbarkeit etwas zu verlängern, werden sie lediglich pasteurisiert, wobei der Gerstensaft vorsichtig erhitzt wird.

Das typisch bayerische Bier besitzt eine Stammwürze von 11 bis 13 Prozent, der Alkoholgehalt liegt zwischen 4 und 5,4 Prozent. Ausnahmen mit mehr Alkoholgehalt sind die diversen Starkbiersorten und das speziell zum alljährlichen Oktoberfest gebraute Bier.

Der Nachtclub im Luxushotel Bayerischer Hof

Nightlife
Discos, Clubs, Bars, Jazzclubs

Die Szene ist ständig in Bewegung und somit laufend von Veränderungen gekennzeichnet. Die brandaktuellen Adressen finden sich sowohl in der kostenlosen Zeitschrift *IN* als auch im Magazin *Prinz*. Letzteres gibt es am Kiosk zu kaufen. In der Maxvorstadt und im Glockenbachviertel liegen im Moment etliche der angesagten Adressen. In jüngster Zeit eröffnen immer mehr Clubs und Nachtbars in Münchens Mitte.

Discos, Clubs

Bayerischer Hof Night Club ➡ K7/8
Promenadeplatz 2–6, Innenstadt
S1–8, U3/6: Marienplatz
✆ (089) 212 09 94, www.bayerischerhof.de
Tägl. 22–3 Uhr
Im Nachtclub des Luxushotels treten nur die Besten der internationalen und lokalen Musikszene auf. Die Atmosphäre ist gediegen, die Preise sind entsprechend.

Call me Drella ➡ K7
Maximiliansplatz 5, Altstadt-Lehel
S1–8, U4/5: Karlsplatz (Stachus), U3–6, Bus 100/153: Odeonsplatz
✆ 0174-611 99 99, www.drella.de
Do–Sa ab 21–6 Uhr

Namensgeber des exzentrischen Clubs ist Andy Warhol, der sich selbst den Spitznamen »Drella« (zusammengesetzt aus Dracula und Cinderella) gab. Zum Konzept der verschachtelten Location auf drei Ebenen gehören die ziemlich schrill geschminkten, kostümierten Barkeeper. Zu den bevorzugen Musikstilen zählt Hip-Hop.

Milla ➡ N7
Holzstr. 28, Glockenbachviertel
U1/2/7: Fraunhoferstraße
℡ (089) 18 92 31 01
www.milla-club.de
Bei Veranstaltungen 19–1 Uhr
Fast täglich Livemusik aller Genres mit regionalen und internationalen Künstlern. Einer der besonderen Clubs der Stadt!

Paradiso ➡ M8
Rumfordstr. 2, Glockenbachviertel
Tram 16/17: Reichenbachplatz
℡ (089) 26 34 69
www.paradiso-tanzbar.de
Fr/Sa und vor Fei ab 22 Uhr
Freddy Mercury, Mick Jagger und David Bowie waren in den 1970ern und 1980ern hier. Plüschig, sinnlich, einfach herrlich!

P1 Club ➡ J10
Prinzregentenstr. 1, Bogenhausen, U4/5: Lehel, Bus 100: Königinstraße, Tram 17: Haus der Kunst
℡ (089) 211 11 40
www.p1-club.de
Di–Sa ab 23 Uhr
Nach wie vor gehört das P1 zu den Nobelclubs der Republik mit hohem VIP-Aufkommen. Es ist nicht einfach, den Türsteher für sich zu gewinnen.

Pimpernel ➡ M7
Müllerstr. 56, Glockenbachviertel
U1–3/6/7, Tram 16–18/27/28: Sendlinger Tor
℡ (089) 23 23 71 56, www.pimpernel.de
Tägl. 22–6 Uhr
Auch hier feierte einst Freddy Mercury. Bunter und exzentrischer Club.

Bars, Kneipen

Alter Ofen ➡ G6
Zieblandstr. 41, Maxvorstadt
Tägl. 18–1 Uhr
U2: Josephsplatz, Bus 153/154: Augustenstraße
✆ (089) 52 75 27
www.alter-ofen.de
Urige Kneipe mit 30-jähriger Tradition. Hier finden allabendlich jüngere wie ältere Semester bei einem Bierchen zusammen. Als Grundlage gibt es z. B. Spätzle oder Schnitzel.

Die Goldene Bar ➡ J10
Prinzregentenstr. 1, Lehel
Bus 100: Königinstraße, Tram 17: Haus der Kunst
✆ (089) 54 80 47 77
www.goldenebar.de
Di–Sa 10–2, So 10–20, Mo 10–18 Uhr
Im Haus der Kunst: Essen und Trinken auf hohem Niveau zu akzeptablen Preisen. Stilvolle Bar mit Wandmalereien auf goldenem Hintergrund.

Havana Club ➡ L9
Herrnstr. 30, Innenstadt
S1–8, U3/6: Marienplatz
✆ (089) 29 18 84
www.havanaclub-muenchen.de
Mo–Do 18–1, Fr/Sa 18–3, So 19–1 Uhr
Seit mehr als 30 Jahren eine Institution! Mit hohem Wohlfühlfaktor. Beste Drinks und Cocktails!

Negroni ➡ G9
Sedanstr. 9, Haidhausen
S1–8: Rosenheimer Platz
✆ (089) 48 95 01 54
www.negronibar.de
Mo–Do 18–1, Fr/Sa bis 3 Uhr
Klassisch amerikanische Bar. Hier trinkt man gute Cocktails in angenehmer Atmosphäre.

✿ Schumann's ➡ J8
Odeonsplatz 6–7, Innenstadt
U3–6, Bus 100/153: Odeonsplatz

Im Schumann's beeindruckt die Auswahl an Cocktails

✆ (089) 22 90 60
www.schumanns.de
Mo–Fr 8–3, Sa/So 18–3 Uhr
Die Bar ist eine Institution. Berühmt sind nicht nur die kleinen Speisen, sondern vor allem die Cocktails. Seit Jahren treffen sich auch die Promis beim perfekten Gastgeber Charles.

Jazzclubs

Jazzclub Unterfahrt im Einstein ➡ westl. L12
Einsteinstr. 42, Haidhausen
U4/5: Max-Weber-Platz
✆ (089) 448 27 94, www.unterfahrt.de
Tägl. 19.30–1 Uhr
Jazz vom Feinsten, Big Bands und mehr: Wer Jazz liebt, ist hier richtig!

Wirtshaus zum Isartal ➡ aD4
Brudermühlstr. 2, Sendling
U3: Brudermühlstraße
✆ (089) 77 21 21
Mo–Fr 11–1, Sa/So 10–1 Uhr
www.wirtshaus-zum-isartal.de
Ständig wechselnde Bands sorgen hier für gute Stimmung. ■

Im Unterfahrt treffen sich die Freunde des Jazz

Kultur und Unterhaltung
Musical, Konzert, Oper, Theater, Kabarett

Das Konzertangebot in München ist riesig, hier ein Auftritt im Backstage

Zu jeder Jahreszeit verwöhnt München seine Gäste mit einem vielfältigen kulturellen Angebot. Neben den vielen Museen gibt es auch jede Menge Theater. Es sind aber nicht nur die großen Häuser mit ihren überregional beachteten Inszenierungen, sondern die zahlreichen hoch motivierten Ensembles, die immer wieder aufs Neue ihre Besucher mit großartigen Darbietungen faszinieren. Neben dem Internet informiert das offizielle Münchner Monatsprogramm (im Buchhandel erhältlich).

Tickets

München Ticket
– Marienplatz 8 (Tourist Information) ➡ L8
Mo–Fr 10–20, Sa 10–16 Uhr
– Bahnhofplatz 2 (im Tourismusamt) ➡ K5
℡ (089) 54 81 81 81
www.muenchenticket.de
Mo–Sa 9–20, So 10–18 Uhr

Zentraler Kartenvorverkauf
– Stachus, 2. Untergeschoss ➡ K6
℡ (089) 54 50 60 60
www.zkv-muenchen.de

Das Deutsche Theater abendlich erleuchtet

Im Kulturzentrum Gasteig sind die Münchner Philharmoniker zu Hause

Musical, Konzert, Oper

Deutsches Theater ➡ L6
Schwanthalerstr. 13
Ludwigvorstadt
S1–8, U4/5, Tram 16–22/27/28: Karlsplatz (Stachus)
☏ (089) 55 23 44 44
www.deutsches-theater.de
Schon immer bekannt für faszinierende Shows: Das Deutsche Theater unterhält Zuschauer auf rund 1500 Plätzen. In dem traditionsreichen Haus gastieren vor allem renommierte nationale und internationale Musical-Produktionen. Zudem bildet es den Rahmen für zahlreiche Bälle.

Gasteig ➡ M10/11
Rosenheimer Str. 5, Haidhausen, S1–8, Tram 15/25: Rosenheimer Platz, Tram 17: Am Gasteig
☏ (089) 48 09 80, www.gasteig.de
Im Kulturzentrum der Stadt sind die renommierten Münchner Philharmoniker zu Hause. Zu Gast sind auch immer wieder international bekannte Solisten und Or-

chester. Karten sollte man möglichst lange im Voraus bestellen.

Herkulessaal → K9
Residenzstr. 1, Eingang Hofgarten
Innenstadt
U3–6, Bus 100/153: Odeonsplatz
Karten an den Vorverkaufsstellen
Der ehemalige Thronsaal König Ludwigs I. in der Residenz wird heute als eher schlichte Kulisse für Gastspiele klassischer Konzerte genutzt.

Nationaltheater (Bayerische Staatsoper) → K9
Max-Joseph-Platz 2
Innenstadt
S1–8, U3/6: Marienplatz, Tram 19: Nationaltheater
℃ (089) 21 85 19 20
www.staatsoper.de
Klassisches Opernrepertoire und alljährliche Opernfestspiele in den Sommermonaten. Weltweit hat sich das Haus mit seinen überragenden Inszenierungen und seinen außergewöhnlichen Solisten einen Namen gemacht. Ebenso berühmt: das Ballett, dessen Repertoire und zeitgenössisches Tanztheater mit hochkarätigen Künstlern besetzt sind.

Das Nationaltheater bietet ein klassisches Opernrepertoire

Prinzregententheater → aD5
Prinzregentenplatz 12, Bogenhausen
U4: Prinzregentenplatz
℃ (089) 21 85 02
www.prinzregententheater.de
Das Haus hat kein eigenes Ensemble. Immer wieder treten hier national und international bekannte Künstler auf. Auf dem Spielplan stehen überragende Schauspielinszenierungen, aber auch Konzerte internationaler Stars.

Staatstheater am Gärtnerplatz → M8
Gärtnerplatz 3
Glockenbachviertel
U1/2/7: Fraunhoferstraße
℃ (089) 21 85 19 60
www.gaertnerplatztheater.de
Das Haus punktet vor allem mit Operetten.

Bei den Münchnern als »Resi« bekannt: das Residenztheater

Theater

Cuvilliés-Theater ➡ K9
Residenzstr. 1
Innenstadt
U3–6, Bus 100/153: Odeonsplatz
℡ (089) 21 85 20 25
www.residenztheater.de
In München steht Deutschlands schönstes Rokoko-theater, ein weiß-rot-goldener Theaterraum (18. Jh.) mit großartigem Dekor. Jede Aufführung wird hier zum Erlebnis!

Münchner Kammerspiele ➡ L9
Maximilianstr. 26–28, Innenstadt
Tram 19: Kammerspiele
℡ (089) 23 39 66 00
www.muenchner-kammerspiele.de
Im schönsten Jugendstiltheater der Republik sorgt ein großartiges Ensemble für atemberaubende Er-lebnisse. Im dazugehörigen »Neuen Haus« (Falcken-bergstr. 1) stehen die Absolventen der berühmten Otto-Falckenberg-Schule erstmals unter fachkundiger Führung auf der Bühne. Das Haus ist immer gut für Entdeckungen.

Residenztheater ➡ K9
Max-Joseph-Platz 1, Innenstadt
U3–6, Bus 100/153: Odeonsplatz, Tram 19: National-theater
℡ (089) 21 85 19 40
www.residenztheater.de
Klassisches Repertoire in zum Teil sehr eigenwilligen, gekonnten Inszenierungen neben großartigen Stücken der klassischen Moderne.

Macbeth in den Münchner Kammerspielen

Theater im Marstall ➡ K9
Marstallplatz 5, Innenstadt
U3–6, Bus 100/153: Odeonsplatz, Tram 19: National-theater
℡ (089) 21 85 01
Experimentierfreudiges Haus mit überwiegend noch unbekannteren, jungen Schauspielern. In der Regel zeitgenössische Stücke.

Theater im Marstall: Moderne Aufführungen in historischem Ambiente

Volkstheater ➡ H5/6
Brienner Str. 50, Maxvorstadt
U1/7, Tram 20–22: Stiglmaierplatz
✆ (089) 52 35 50
www.muenchner-volkstheater.de
Der Name täuscht: Hier wird kein Bauerntheater geboten. Gespielt werden klassische und zeitgenössische Stücke in immer wieder überraschenden Inszenierungen.

Kabarett

Kultur im Schlachthof ➡ aD4
Zenettistr. 9, Isarvorstadt
U3/6: Poccistraße
✆ (089) 72 01 82 64
www.im-schlachthof.de
Ein Ort mit Tradition. Zu den bekanntesten Größen des
Münchner Vorstadtbrettls zählte jahrelang Ottfried Fi-
scher. Spannende, wechselnde Programme.

Lustspielhaus ➡ E10
Occamstr. 8, Schwabing
U3/6: Münchner Freiheit
✆ (089) 34 49 74
www.lustspielhaus.de
Nostalgisch angehauchtes Theater. Immer wieder Gast-
spiele mit Bruno Jonas, Erwin Pelzig, Luise Kinseher,
Urban Priol.

Münchner Lach- und Schießgesellschaft ➡ E10/11
Ursulastr. 9, Schwabing, U3/6: Münchner Freiheit
℡ (089) 39 19 97, www.lachundschiess.de
Ohne Übertreibung darf behauptet werden, dass es
sich bei diesem Haus um das berühmteste Kabarett der
Republik handelt.

Sonstiges

Praterinsel ➡ L10/11
Praterinsel 3/4, Isarvorstadt
S1–8: Isartor, Tram 16/17: Deutsches Museum
℡ (089) 212 38 20, http://praterinsel.de
Während der warmen Monate verwandelt sich die Insel
mitten in der Isar zu einer vielbesuchten Freiluftoase.
Zu dieser Jahreszeit punktet sie mit einem abwechs-
lungsreichen Kulturprogramm. In der kühleren Zeit
lockt sie ihr Publikum mit zahlreichen interessanten
Ausstellungen und manchmal auch Konzerten.

Planetarium im Deutschen Museum ➡ N9
Museumsinsel 1, Isarvorstadt
S 1–8: Isartor, Tram 16/17: Deutsches Museum
℡ (089) 217 91, www.deutsches-museum.de
Modernste Technik und die naturgetreue Projektion
des Sternenhimmels begeistern das Publikum. Kom-
plettiert werden die täglichen Vorführungen durch
die fachlich einwandfreien und dennoch für den Laien
verständlichen astronomischen Erklärungen. Und abgerundet wird das Erlebnis durch die hochaktuelle Simu-
lationstechnik. ■

Bei einer Vorstellung der
Münchner Lach- und Schieß-
gesellschaft

154

Shopping
Kaufhaus & Mall, Kulinarisches, Mode & Schmuck, Wohnaccessoires, Stoffe, Geschenke

Im Innenstadtbereich gehört die Neuhauser- bzw. Kaufingerstraße mit ihren großen Kaufhäusern zwischen Stachus (Karlsplatz) und dem Marienplatz zu den wichtigen Shoppingadressen. In der Sendlinger Straße und der nahen Hackenstraße mit ihrer Fortsetzung Josephspitalstraße gibt es in zahlreichen kleineren Spezialgeschäften viel Interessantes zu entdecken.

Shopping in der Kaufingerstraße

Maximilian-, Residenz- und Theatinerstraße, letztere mit den Passagen der »Fünf Höfe«, stehen für Eleganz und Lifestyle der Spitzenklasse. Aber auch in den einzelnen Stadtteilen wie Schwabing, dem Glockenbachviertel oder auch Haidhausen lässt sich herrlich bummeln und Geld ausgeben.

Kaufhaus & Mall

Ludwig Beck ➡ L8
Marienplatz 11, Innenstadt
S1–8, U3/6: Marienplatz
www.ludwigbeck.de
Tägl. außer So 10–20 Uhr
Das »Kaufhaus der Sinne« direkt am Marienplatz ist eine gute Adresse für hochwertige Mode der bekannten Marken. Weit über die Grenzen der Stadt hat sich das Haus zudem einen Namen mit seiner außergewöhnlich gut sortierten Musikabteilung gemacht. Auf knapp 1000 m^2 dürfte die Wahl bei 100 000 CDs nicht immer leicht fallen. Schwerpunkte sind Klassik, Jazz und Weltmusik.

Riem Arcaden ➡ aD6
Willy-Brandt-Platz 5, Trudering-Riem
U2, Bus 139/183/190/263/264: Messestadt-West
✆ (089) 93 00 60, www.riemarcaden.de
Tägl. außer So 10–20 Uhr
Das Angebot in der bunten Shopping-Welt aus über 140 Shops, Restaurants und Cafés im Münchner Osten

Bekannt für hochwertige Delikatessen: Dallmayr

ist vielfältig: Die Besucher finden alles rund um Mode, Technik, Sport, Accessoires, Spielzeug und Wohndekor. Zudem sind hier zahlreiche Dienstleister wie Apotheke, Reinigung und Friseur- und Beautysalons angesiedelt. Für das leibliche Wohl ist auch gesorgt: Das Spektrum reicht von Fastfood bis zu Kulinarischem aus verschiedenen Ländern. Mit Tiefgarage, kostenlosem WLAN und Kids-Bereich zum Toben.

Kulinarisches

Dallmayr ➡ L8
Dienerstr. 14–15, Innenstadt
S1–8, U3/6: Marienplatz
www.dallmayr.com
Tägl. außer So 9.30–19 Uhr
Schon die Wittelsbacher ließen sich von ihrem Hoflieferanten die ausgefallensten Delikatessen liefern. Aber auch die heutige Kundschaft kann bei den unter dem Gewölbe des Traditionsgeschäfts optisch wundervoll präsentierten, hochwertigen Delikatessen nur schwerlich widerstehen.

Elisabethmarkt ➡ F8
Ecke Elisabeth-/Nordendstr.
Schwabing
Tram 27/28: Elisabethmarkt
Mo–Fr 10–18, Sa 10–15 Uhr

Seit 1903 eine Institution im Stadtteil Schwabing, doch ab 2020 werden die charmanten Markthäuschen – zum Leidwesen vieler Münchner – abgerissen und das Areal wird modernisiert. Provisorisch wird der Markt weiterhin betrieben. Was bleibt ist das kleine Wirtshäusl »Wintergarten« mit herrlichem Biergarten (www.wintergarten-schwabing.de).

Elly Seidl ➡ K8
Maffeistr. 1, Innenstadt
S1–8, U3/6: Marienplatz
www.ellyseidl.com
Mo–Do 9–18.30, Fr 9–19, Sa 10–18 Uhr
Vor Ostern, Muttertag oder Weihnachten braucht man Geduld. In dem winzigen Laden in der schicken Hochpreis-Einkaufsmeile drängeln sich die Kunden und lassen sich die exquisiten Pralinen in Schachteln oder viel bescheidenere Tütchen verpacken.

Viktualienmarkt ➡ L8
Innenstadt
S1–8, U3/6: Marienplatz
Kernzeiten tägl. außer So 8–18 Uhr
Im Schatten des Alten Peter, nur wenige Schritte vom Marienplatz entfernt, ist der Viktualienmarkt das

Pralinen ohne Ende bei Elly Seidl

157

Die Mode bei DearGoods ist schön und bio

Mekka der Gourmets. Besonders am Samstagvormittag trifft man sich hier und zelebriert den nicht gerade preiswerten Einkauf bei einem Gläschen Sekt.

Mode und Schmuck

Bella Natura ➡ E10
Haimhauserstr. 6, Schwabing
U3/6: Münchner Freiheit
https://bella-natura.shop
Mo–Fr 11–19, Sa 11–18 Uhr
Dass Öko nicht bieder sein muss, zeigt das Sortiment an Kleidung aus Naturfasern auf eindrucksvolle Weise. Außerdem gibt es eine reichhaltige Auswahl superbequemer Schuhe.

DearGoods ➡ N8
Baaderstr. 65
Glockenbachviertel
U1/2/7: Fraunhoferstraße
www.deargoods.com
Mo–Fr 11–19, Sa 11–18 Uhr
Shopping mit gutem Gewissen: Trendige, fair gehandelte Mode und Accessoires, vegan und in Bioqualität. Weitere Filialen: Am Glockenbach 12 und Friedrichstr. 28.

IWC ➡ K8
Residenzstraße 13, Innenstadt
S1–8, U3/6: Marienplatz, U3/4/5/6: Odeonsplatz
www.iwc.com
Mo–Fr 10.30–18.30, Sa 10.30–18 Uhr
Die deutschlandweit zweite Boutique der Schweizer Uhrenmanufaktur IWC Schaffhausen öffnete bereits im Sommer 2017 ihre Pforten. Als eine der weltweit führenden Marken im Luxusuhrensegment ein Muss für alle Liebhaber exklusiver Designs.

Loden Frey ➡ K8
Maffeistr. 7, Innenstadt
S1–8, U3/6: Marienplatz
www.lodenfrey.com
Tägl. außer So 10–20 Uhr

▷ *IWC Schaffhausen Boutique in der Residenzstraße 13, München*

Loden Frey: Stilvoll die Mode, edel das Geschäft

Edelklamotten vom Trachtenlook bis hin zu den großen Labels für die ganze Familie. Man legt Wert auf Stil und hohe Qualität.

Milla Shoes & Accessoires in München ➡ M11
Innere Wiener Str. 46, Haidhausen
U4/5: Max-Weber-Platz
https://millashoes.com
Mo–Fr 10–19, Sa 10–18 Uhr
Trendbewusste finden hier ausgefallene Schuhe und Taschen. Teuer, aber toll!

NOH NEE – Dirndl à l'Africaine ➡ N7
Hans-Sachs-Str. 2
Glockenbachviertel
U1–3/6/7, Tram 16–18/27/28: Sendlinger Tor
www.nohnee.com
Di–Fr 11–18.30, Sa 11–16 Uhr
Den Designerinnen aus Kamerun ist mit ihren farbenfrohen, hinreißenden Dirndln aus afrikanischen Stoffen ein großer Wurf gelungen. Die nicht ganz preiswerten Hingucker lassen sich nicht nur in Bayern zu festlichen Anlässen tragen.

Nui Conceptstore ➡ E3
Volkartstr. 23, Neuhausen
U1/7, Tram 12: Rotkreuzplatz
Di–Fr 10–19, Sa 10–14 Uhr
Die gebürtige Mexikanerin verkauft in ihrem Laden neben der Eigenmarke »Nui« und der exklusiven italienischen Marke »Gaudi« fast ausschließlich fair produzierte Mode.

Silberfisch ➡ M3
Heimeranstr. 55, Westend
U4/5: Heimeranplatz
www.silber-fisch.de
Mo–Fr 11–18.30, Sa 10–16 Uhr
Mehrere kreative Goldschmiedinnen fertigen in eigener Werkstatt kostbare und dekorative Schmuckstü-
cke aus edelsten Materialien. Auch ihr Tafelsilber ist
einzigartig .

Tricia Leonard Vintage ➡ N8
Baaderstr. 53, Glockenbachviertel
U1/2/7: Fraunhoferstraße
www.retro-vintage.de
Mo und Fr 13–18, Sa 11–16 Uhr und nach Vereinbarung
Hier findet man Schmuck, Taschen und viel Schönes,
das garantiert niemand anderer hat.

Wohnaccessoires, Stoffe, Geschenke

Bottles ➡ L7
Josephspitalstr. 1, Innenstadt
U1–3/6/7, Tram 16–18/27/28: Sendlinger Tor
www.bottles.de
Mo–Fr 10–19, Sa 10–18 Uhr

Bei NOH NEE: Dirndl mal anders

»Gläser und mehr ...« lautet der Slogan des Hauses. Gebrauchsglas in unendlichem Formen- und Farbenreichtum.

Brauseschwein → aC4
Frundsbergstr. 52, Neuhausen
U1/7: Rotkreuzplatz, Tram 12: Neuhausen
Di–Fr 10–13 und 15–18.30, Sa 11–14 Uhr
Der Spielwarenladen ist ein Paradies für kleine und große Kindsköpfe: Froschpistolen, leuchtende Tierchen, Spiele, Süßes, Saures – alles mit Spaßfaktor.

Kadoh → M7
Sendlinger Str. 45, Innenstadt
U1–3/6/7, Tram 16–18/27/28: Sendlinger Tor
www.kadoh.de
Tägl. außer So 10–20 Uhr
Ausgefallene Mode- & Wohnaccessoires sowie Geschenkartikel. Ein kleiner, feiner Laden, in dem man immer fündig wird.

Kare Cityhaus & Loft → M7
Sendlinger Str. 37, Innenstadt
U1–3/6/7 Tram, 16–18/27/28: Sendlinger Tor
www.kare.de
Tägl. außer So 10–20 Uhr
Trendiges zum Verschenken und Dekorieren gibt es im Erdgeschoss, stylische Möbel und Lampen zum Staunen im ersten und zweiten Stockwerk und im Untergeschoss wird nicht nur Designermode angeboten. Dort findet sich auch eines der besten vietnamesischen Lokale der Innenstadt – mit ruhiger Terrassenoase.

Manufactum → L8
Dienerstr. 12, Innenstadt
S1–8, U3/6: Marienplatz
www.manufactum.de
Tägl. außer So 9.30–19 Uhr
Ein überreiches Angebot an formschönen, nostalgischen Retro-Haushaltsgegenständen, robuster Kleidung bester Qualität, Möbeln u. v. m. Im Eingangsbereich kann man bei »brot & butter« zwecks Entscheidungsfindung mit einem der köstlichen kleinen Gerichte eine Pause einlegen.

Radspieler ➤ L7
Hackenstr. 7, Innenstadt, S1–8, U3/6: Marienplatz
www.radspieler.com
Mo–Fr 10–19, Sa 10–18 Uhr
Stoffe, Geschirr und Möbel aus eigener Schreinerei zum
Staunen: ein hinreißender Laden, in dem bayerische
Traditionen und neuestes Design Hand in Hand gehen.

Silk & Cotton ➤ aC4
Schulstr. 24, Neuhausen
U1/7, Tram 12: Rotkreuzplatz
www.silkandcotton.de
Di–Fr 12–19, Sa 10–14 Uhr
Ausgefallene Dekorationsstoffe aus internationalen
Kollektionen zu akzeptablen Preisen.

studio azzurro ➤ F7
Tengstr. 17, Schwabing, Tram 27/28: Nordendstraße
www.studioazzurro.de
Di–Fr 10–18.30, Sa 10–14 Uhr
Ausgesuchte Wohnaccessoires und hochwertige Stoffe
machen die Wahl zur Qual.

Style Deco ➤ G8
Kurfürstenstr. 15, Schwabing
Tram 27/28: Nordendstraße
www.art-deco.de
Di–Fr 14–18, Sa 11–13 Uhr
Garantiert die größte Auswahl originaler Art-déco-
Leuchten gibt es hier neben edlen Kleinmöbeln, Spie-
geln und Vasen. ■

*Style Deco: der Name ist
Programm*

Kinderreich im Deutschen Museum

Mit Kindern in der Stadt
Museen, Aktivitäten, Freizeit

Auch für seine jungen Gäste lässt sich München immer wieder interessante Programme einfallen. Während der Ferienmonate bietet die Stadt speziell für alle Daheimgebliebenen und Besucher jede Menge Spaß und Unterhaltung. Das Programm »Was ist los in München« gibt es an den Informationsstellen, also zum Beispiel bei der Stadtinformation im Rathaus am Marienplatz oder im Internet unter www.ferien-muenchen.de.

Da findet man z. B. Segeltörns, Klettertouren, Bauernhof-Fahrten, Zeltlager, Fahrradtouren, Reiter- oder Ritterfreizeiten, Piraten-, Indianer- oder Steinzeitcamps. Es können Tagesausflüge oder Workshops gebucht werden. Monatlich wechselnde Programme bieten mehrere Museen wie zum Beispiel das Deutsche Museum an. Alle Veranstaltungen werden im jeweiligen Monatsprogramm der Stadt München sowie im Stadtmagazin »In München« (kostenlos in Läden und Lokalen, www.in-muenchen.de) veröffentlicht.

Sollte das Wetter mal nicht so optimal sein, bietet sich ein Besuch spannender Museen an, die viel Interessantes auch für junge Gäste zu bieten haben: das Deutsche Museum mit seinen Dependancen, dem Verkehrszentrum und der Flugwerft draußen in Schleißheim. Aber auch die Sammlungen des Museums Mensch und Natur in einem Seitenflügel von Schloss Nymphenburg oder

Dirndl schon für die Kleinen

das Spielzeugmuseum gleich am Marienplatz sind lohnende Ziele.

Bei schönem Wetter empfehlen sich privat organisierte Radtouren entlang der Isar oder durch den wunderschönen Englischen Garten. Und die meisten Biergärten verfügen sowieso über einen Kinderspielplatz.

Museen

❼ Deutsches Museum ➡ N9
Museumsinsel 1, Isarvorstadt
S1–8: Isartor, Tram 17: Deutsches Museum, Bus 132: Boschbrücke
℡ (089) 217 93 33
www.deutsches-museum.de
Tägl. 9–17 Uhr, Eintritt € 14/4,50 (6–17 J.), Kombiticket mit Flugwerft und Verkehrsmuseum € 21
Vgl. auch S. 78 ff.
Die großartige naturwissenschaftlich-technische Sammlung ist nicht nur ein Ziel für erwachsene Technik-Freaks. Speziell die Programme für das junge Publikum lassen keine Langeweile aufkommen.

Im Kinderreich des Deutschen Museums können die Kleinen experimentieren und spielerisch entdecken, was es etwa mit dem Wasser und der Kraft auf sich hat, welche Täuschungen Optik erzeugt u. v. m. Spezielle Führungen für Kinder, auch in den beiden Ablegern des Deutschen Museums:

Deutsches Museum, Flugwerft
Vgl. S. 81.

Deutsches Museum, Verkehrszentrum
Vgl. S. 81.

Kinder- und Jugendmuseum ➡ K5
Arnulfstr. 3, Innenstadt
S1–8, U1/2/4/5/7: Hauptbahnhof, Tram 16/17: Hautbahnhof Nord
℡ (089) 54 04 64 40, www.kindermuseum-muenchen.de
Do/Fr 14–17, Sa/So 10–17 Uhr
Eintritt € 5,50, Familie (2 Erwachsene, 2 Kinder) € 14,50
Eingang: Hauptbahnhof/Seitenflügel Starnberger Bhf.

In dem Museum werden wechselnde Ausstellungen zu den unterschiedlichsten Themen gezeigt. Im Mittelpunkt steht das Mitmachen und Experimentieren der jungen Besucher.

Museum Mensch und Natur ➡ bB4

Schloss Nymphenburg (Nordflügel), Maria-Ward-Str. 1
Tram 17, Bus 51/151: Schloss Nymphenburg
℡ (089) 179 58 90
www.mmn-muenchen.de
Di–Fr 9–17, Do bis 20, Sa/So/Fei 10–18 Uhr
Eintritt € 3,50/2,50, unter 18 J. frei
Vgl. auch S. 87
Ein prima Museum für interessierte Kinder und Jugendliche, das sich locker mit dem Ausflug hinaus nach Schloss Nymphenburg verbinden lässt. Spannende Themen wie die Entstehung der Sonne, die Geschichte der Erde und die Entwicklung des Lebens werden anschaulich anhand von Bildern, Modellen und Filmen erklärt.

Spielzeugmuseum
Vgl. S. 93 f.

Die Dauerausstellung »Spielerische Naturkunde – nicht nur für Kinder« im Museum Mensch und Natur

Aktivitäten, Freizeit

Bavaria Filmstadt ➡ aF4
Bavariafilmplatz 7
82031 Geiselgasteig
Tram 25: Bavariafilmplatz
✆ (089) 64 99 20 00
www.filmstadt.de
Tägl. Mitte März–Mitte Nov. 9–18, Mitte Nov.–Mitte
März 10–17 Uhr
Eintritt € 27,50/22 (6–17 J.), nur Filmstadt € 14/12
Vgl. auch S. 104
Eines der bekanntesten Filmstudios Europas. Bei einer
geführten Tour läuft man mitten durch die Kulissen von
»Asterix und Obelix« oder »Wicky auf großer Fahrt«.
Die Teilnehmer der Tour können Filmszenen nachspie-
len und z. B. auf dem Rücken des Glücksdrachen Fuchur
aus der »Unendlichen Geschichte« schweben.

*Kulisse aus dem Film »Jim
Knopf und Lukas der Loko-
motivführer« in der Bavaria
Filmstadt*

DAV Kletterzentrum ➡ aE4
Thalkirchnerstr. 207, Sendling
U3: Thalkirchen
www.kbthalkirchen.de
Mo–Fr 7–23, Sa/So 8–23 Uhr
Mit 7800 m² die größte Kletterfläche der Welt. Mit ei-
genem Kinderbereich. Außerdem gibt es einen riesigen
Spielplatz, ein Piratenschiff und eine Burg zum Aus-
toben und danach Pizza im Bistro mit Sonnenterrasse.

Flößerei Josef Seitner
Lindenweg 1
82515 Wolfratshausen
✆ (081 71) 785 18
www.flossfahrt.de
Sehr frühzeitige Anmeldung erforderlich, Kosten ca.
€ 150
Ein Erlebnis ganz besonderer Art ist mit Kindern ab
12 Jahren (Schwimmwestenpflicht) an einem schönen
Sommertag eine mehrstündige Floßfahrt auf der Isar.

Münchner Marionettentheater ➡ M7
Blumenstr. 32, Innenstadt
U1–3/6/7, Tram 16–18/27/28: Sendlinger Tor
✆ (089) 26 57 12

www.muema-theater.de
Eintritt € 10/9 (2–14 J.)
Es ist auch architektonisch ein kleines Schmuckstück.
Das älteste Marionettentheater der Stadt bietet Kindern und Erwachsenen witzige und anspruchsvolle Inszenierungen. Nachmittags spielen die handgefertigten Puppen für die jungen Besucher.

Münchener Theater für Kinder ➡ J5
Dachauer Str. 46, Maxvorstadt
U1/7: Stiglmaierplatz, Tram 20/21: Karlstraße
© (089) 59 54 54, http://mtfk.de
Tägl. 15, Sa/So auch 10 Uhr
Eintritt € 9–13
»Oh, wie schön ist Panama«, »Der Froschkönig«, »Max & Moritz« – bei diesen Aufführungen wird Kindern bestimmt nicht langweilig.

Schlossführungen
Die Bayerische Schlösserverwaltung bietet alljährlich von März bis Juni spezielle Führungen für Kinder und Eltern an (www.schloesser.bayern.de).

SeaLife München ➡ B5
Willi-Daume-Platz 1
U3, Bus 173: Olympiazentrum
© 01806-66 69 01 01 (gebührenpflichtig)
www.visitsealife.com/muenchen
Mo–Fr 10–17, Sa/So 10–18 Uhr
Eintritt € 18,50/14,50 (Rabatt bei Online-Buchung)
In 30 Becken leben mehr als 10 000 Fische, darunter sogar Haie, aber auch Krabben und Wasserschildkröten. Der Besucher erlebt u. a. die faszinierende Unterwasserwelt von der Isar über die Donau bis hin zum Schwarzen Meer und zum Mittelmeer. Krönender Abschluss dieser fiktiven Reise ist der begehbare Unterwassertunnel durch das Mittelmeer. Im Berührungsbecken dürfen unter Aufsicht einige Tiere angefasst werden.
  Alljährlich gibt es wechselnde Sonderausstellungen, die sich mit Spezialthemen befassen.

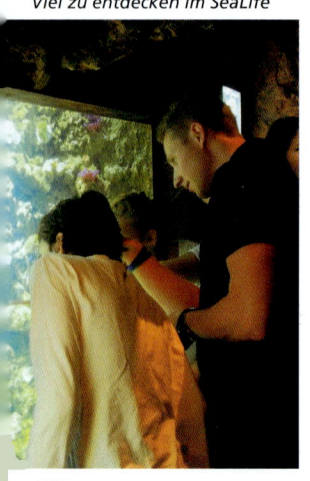

Viel zu entdecken im SeaLife

Tierpark Hellabrunn ➡ aE4
Tierparkstr. 30, Thalkirchen, U3: Thalkirchen, Bus 52, X98: Tierpark (Alemannenstraße)

✆ (089) 62 50 80
www.hellabrunn.de
Tägl. April–Okt. 9–18, Nov.–März 9–17 Uhr
Eintritt € 15/6 (4–14 J.), Familie € 33
Vgl. auch S. 121
Der Tierpark liegt draußen im Stadtteil Thalkirchen in unmittelbarer Nähe der Isarauen und besitzt neben dem Elefantenhaus, der Dschungelwelt und dem Streichelzoo noch weitere Attraktionen.

Humboldtpinguin im Tierpark Hellabrunn

Turmbesteigungen:

Ohne Frage ist bei strahlendem Wetter die Aussicht von einer der Aussichtsplattformen der Münchner Türme ein tolles Erlebnis für Eltern und Kinder.

Alter Peter (92 m) ➡ L8
Rindermarkt 1
Innenstadt
S1–8, U3/6: Marienplatz
Tägl. 10–18 Uhr
Eintritt € 3/1 (bis 18 J.)
Mit größeren Kindern ist die gesicherte Freiluft-Plattform, die nur über 305 schweißtreibende Stufen zu erreichen ist, ein lohnendes Ziel, mit kleineren eher nicht zu empfehlen.

Bavaria auf der Theresienhöhe ➡ N3
Westend
U4/5: Schwanthalerhöhe
April–Mitte Okt. 9–18 Uhr
Eintritt € 3,50/2,50
Es ist ein echtes Abenteuer, die Aussichtsplattform der 18 m hohen Bronzefigur über die steile, enge Wendeltreppe zu erklimmen. Nichts für Eltern mit kleinen Kindern!

Olympiaturm (290 m) ➡ A/B4
Im Olympiapark
U3, Bus 173: Olympiazentrum, Tram 27: Petuelring
Tägl. 9–24 Uhr
Eintritt € 9/6 (bis 16 J.), Familie € 21
In wenigen Sekunden katapultiert einen der Lift zur Aussichtsplattform. ∎

*MIt einem PS durch den
Englischen Garten*

Erholung und Sport
Plätze zum Entspannen, Aktivitäten

München bietet seinen Gästen unzählige Plätze zum
Ausruhen und Entspannen. Neben dem Englischen Garten lädt auch die Isar dazu ein, sich zwischendurch vom
Sightseeing-Programm zu erholen. Während der heißen Jahreszeit breiten Hunderte von Sonnenanbetern
ihre Badetücher einfach auf den mehr oder weniger
sauberen, kilometerlangen Kiesbänken des Flusses aus
und riskieren das Bad in den erfrischenden Flusswel-
len. (Hinweis: Fast alljährlich wird vor Kolibakterien

gewarnt!) Eine Liste aller öffentlichen Bäder und die jeweiligen **Öffnungszeiten** findet man unter www. swm.de.

Sportlich Aktive haben die wunderbare Möglichkeit das lockere Training mit der Besichtigung einer der Sehenswürdigkeiten zu verbinden.

Plätze zum Entspannen

Dantebad ➡ aC4
Postillonstr. 17, Neuhausen
U1/7, Tram 20/21: Westfriedhof
Tägl. 7/7.30–23 Uhr
Eintritt € 8,60/5,30
Das beheizte Wettkampfbecken (50 m) lockt auch in der kalten Jahreszeit zu einem ausgiebigen Training. Trotz der großen Liegewiesen und zusätzlicher Becken kann es im Freibadbereich an schönen Sommertagen eng werden.

Hamam Mathilden ➡ M6
Mathildenstr. 5, Glockenbachviertel
U1–3/6/7, Tram 16–18/27/28: Sendlinger Tor
☏ (089) 55 45 73, www.hamam.de
Tägl. 10–23 Uhr, Anmeldung 9–21 Uhr
Eintritt ab € 39 (2 Std.)
Hinter der Fassade eines unscheinbaren Hauses nahe dem Sendlinger-Tor-Platz erwartet einen der orientalische Wellness-Tempel.

Es dampft im Dantebad

Müller'sches Volksbad ➡ M10
Rosenheimerstr. 1, Haidhausen
S1–8: Isartor, Tram 17: Deutsches Museum
Tägl. 7.30–23, Mo große Halle nur bis 17 Uhr
Eintritt € 4,80/3,40

*Kabinenhäuschen im
Müller'schen Volksbad*

Auge, Seele und Körper werden in diesem einzigartigen Jugendstil-Bad verwöhnt. In dem irisch-römischen Schwitzbad mit unterschiedlich temperierten Ruheräumen kann man seinem Körper eine Erholung gönnen.

Badetempel an der Isar

MÜLLER'SCHES VOLKSBAD

München, Bayern

Als Juwel des Jugendstils wird es von den Architekten bezeichnet, Baden und Saunieren werden zum Stilerlebnis: Das Müller'sche Volksbad an der Isar, in unmittelbarer Nähe des Deutschen Museums, gehört zu den schönsten Hallenbädern Europas. Das 1901 eröffnete Gebäude, finanziert vom Münchner Ingenieur Karl Müller, war nach Bauende das modernste und mit 1,8 Millionen Goldmark auch teuerste Bad der Welt. Der Prachtbau wurde von seinem Erbauer der Stadt München mit der Auflage geschenkt, »hauptsächlich für das unbemittelte Volk« zur Verfügung zu stehen. Bei der Wahl des Standorts berücksichtigte der Stadtrat deshalb auch den Wunsch der Bevölkerung nach einer unmittelbaren Nähe zum Arbeiterviertel.

Architekt Carl Hocheder gestaltete das Haus nicht als einheitlich geschlossenen Block, sondern wies jedem Raumkomplex im Inneren einen eigenen charakteristisch gestalteten Baukörper zu. Durch seine architektonische Konzeption und die sorgfältige Innenraumgestaltung wurde das Volksbad zum Vorbild des deutschen Bäderbaus. Hat die Fassade sich noch ganz dem Historismus verschrieben, so ist die Innenausstattung vom Jugendstil geprägt.

In liebevoller und aufwendiger Kleinarbeit wurde das Bad bis heute in nahezu allen Details originalgetreu erhalten. Das Becken der kleinen Schwimmhalle, anno dazumal den Damen vorbehalten, ist mit 30 Grad wohltemperiert. Heute entspannen sich hier vor allem die Genussschwimmer. Sportlichere 27 Grad finden die Schwimmfans im 31-Meter-Becken der ehemaligen Herren-Schwimmhalle vor, die von einem beeindruckenden Tonnengewölbe umspannt wird. Die besondere Attraktion ist das römisch-irische Schwitzbad. Anders als in der finnischen und türkischen Sauna des Hauses wird der Körper langsam in verschieden temperierten Warmlufträumen (45, 60, 80 Grad Celsius) erhitzt.

Aus einer Zeit, als das eigene Badezimmer noch seltener Luxus war, stammen die Wannen- und Brausebäder. Diese Tradition, ein Stück gelebte Stadtgeschichte, ist bis heute erhalten geblieben. Ein Wannenbad ist im Original zu besichtigen.

INFO: In München-Haidhausen gelegen. **INFO MÜLLER'SCHES VOLKSBAD:** Rosenheimer Str. 1, 81667 München, Tel. (018 01) 23 61 50 50, www.swm.de/privatkunden/m-baeder/ schwimmen/hallenbaeder/volksbad.html, Öffnungszeiten Schwimmhalle tägl. 7.30–23 Uhr, Sauna tägl. 9–23 Uhr, Eintritt Schwimmbad € 4,80, ermäßigt € 3,40, Sauna € 18,80 (4 Std.) Tageskarte Sauna € 28,40.

Jugendstiljuwel und Wellnesspalast an der Isar: das Müller'sche Volksbad.

Die Olympia-Schwimmhalle mit Wettkampf- und Sprungbecken

Nordbad ➡ E6
Schleißheimer Str. 142, Schwabing
U2: Hohenzollernplatz, Tram 12/27, Bus 53/59/154: Nordbad
Tägl. 7.30–23 Uhr, Eintritt € 5,30/3,70
Das Hallenbad (33-m-Becken) mit Liegewiese findet sich zentral gelegen am Rand von Schwabing.

Olympia-Schwimmhalle ➡ B4
Im Olympiapark, Coubertinplatz 1
U3, Bus 173: Olympiazentrum
Mo 10–19, Di–So 10–22 Uhr
Eintritt € 4,80/3,50
Nach Sanierung voraussichtlich ab Ende Juni 2019 wieder geöffnet
Nicht nur Schwimmen ist angesagt. Geboten wird außerdem ein umfangreiches Fitnessprogramm.

Prinzregentenbad ➡ aD5
Prinzregentenstr. 80, Bogenhausen
U4: Prinzregentenplatz
Mai–Sept. Mo, Mi ab 10, Di, Do ab 7, Fr–So/Fei ab 9 Uhr
Eintritt € 4,60/3,20
Hier treffen sich an heißen Sommertagen am Beckenrand (25 m) die Schönen und Reichen des Edel-Wohnviertels.

Ungererbad ➡ B11
Traubestr. 3, Nordschwabing
U6, Bus 59: Dietlindenstraße

Wasserspaß im Prinzregentenbad

München lässt sich sehr gut mit dem Drahtesel erkunden

Mai–Sept. Mo–Do ab 10, Fr–So/Fei ab 9 Uhr
Eintritt € 4,60/3,20
Beliebtes Sommerbad mit großen Schwimmbecken und Beachvolleyball-Plätzen.

Aktivitäten

Die Stehende Welle ➡ J10
Prinzregentenstr., Lehel
U4/5: Lehel, Tram 17: Nationalmuseum/Haus der Kunst
Vgl. auch S. 72 ff.
Es soll Leute geben, die mit ihrem Surfbrett aus Übersee anreisen, um unter den Blicken der immer zahlreichen Zuschauer zu jeder Jahreszeit ihr Können auf der glitzernden, stehenden Welle im Eisbach unter Beweis zu stellen. Im Mai 2010 kam der Film »Keep Surfing« in die Kinos, der dieses Phänomen enthusiastisch feiert.

Eisstockschießen
Gerner Brücke, U1/7: Gern
Sobald im Winter der Nymphenburger Kanal zugefroren ist, treffen sich bei Glühwein gestandene Münchner Cliquen zu diesem sportlichen Vergnügen. Gäste werden meist freundlich integriert. Rutschfeste Sohlen und Lauffreudigkeit sind Voraussetzung!

Jogging
Der Englische Garten, der Nymphenburger Schloßpark und die Strecken links und rechts der Isar sind ein Paradies für Jogger.

Radtouren
Auf ihr 1200 km langes Wegenetz ist die Stadt ganz besonders stolz. München per Rad: Schöner geht es nicht! Touren durch den Olympiapark, bis zum Schloss Nymphenburg oder einfach nur kilometerweit durch den prächtigen Englischen Garten und dann immer entlang der Isar bis zum Poschinger Weiher (www.seegarten.net) nahe dem Vorort Unterföhring, wo ein idyllischer Biergarten zur Rast lockt. Radeln in München macht einfach Spaß.

Mit **Call a Bike** können Besucher die Stadt für € 15 pro Tag erradeln. Informationen erhält man beim Servicecenter der DB im Hauptbahnhof und unter www.callabike-interaktiv.de.

Zeltdach-Tour ➡ B3
Olympiastadion
U3, Bus 173: Olympiazentrum, Tram 27: Petuelring
℡ (089) 30 67 24 14
www.touren-olympiapark.de
Termine nach Anfrage
Tour ab € 43/33
Ein Erlebnis der ganz besonderen Art ist für Schwindelfreie (ab 10 J.) die geführte zweistündige Tour auf das Dach des Münchner Olympiastadions. ■

Zum Wintervergnügen auf dem Nymphenburger Kanal gehört das Eisstockschießen

1158 gründet Heinrich der Löwe München

Daten zur Stadtgeschichte

15 v. Chr. Bayern wird römische Provinz und erlebt unter
bis den Besatzern seine erste wirtschaftliche und
6. Jh. kulturelle Blüte. Nach dem Tod des letzten
n. Chr. gesamtrömischen Kaisers, Theodosius d. Gr.,
zerfällt das Reich 395. Dieses Machtvakuum
nutzen die Franken (Merowinger) für sich aus.
Sie setzen 550 Garibaldi I. aus dem Haus der
Agilolfinger als Grenzherzog ein. Abgesichert
wird dieser Pakt durch die Lex Baiuariorum
(Bayerisches Stammesrecht). Mitte des 6. Jh.
taucht erstmals in schriftlichen Quellen der
Begriff Bajuwaren auf.

8. Jh. Das Kloster Tegernsee gründet die Siedlung
Munichen (zu den Mönchen). Sie bleibt
unbedeutend, bringt aber den Mönch ins
Wappen, der im Laufe der Jahrhunderte zum
bekannten Münchner Kindl mutiert.

1070 Das Herzogtum Bayern fällt an die Welfen.

1158 Für den wirtschaftlichen Aufstieg vom
unbedeutenden Weiler zur Stadt sorgt der
Welfe Heinrich der Löwe. Er lässt kurzerhand
die Zollbrücke bei Oberföhring abreißen und
durch einen neuen Übergang bei Munichen
ersetzen. Damit entzieht er dem Bischof von
Freising seine sichere Einnahmequelle: die
Salzsteuer. Die von Berchtesgaden kommenden
Salztransporte hatten hier auf ihrem Weg
nach Norden und Westen die Isar gequert.
Nachdem Heinrich sich auf Drängen seines
Verwandten Kaiser Friedrich Barbarossa bereit
erklärt, ein Drittel der Einnahmen dem Bischof
abzutreten, wird diese Abmachung am 14. Juni
1158 in Augsburg per Gründungsurkunde
(»Augsburger Schied«) bestätigt.

1170 Mit einem ersten Mauerring plus Wachtürmen
werden dieser Übergang und die nur 17 ha
große Ortschaft rund um den späteren
Marienplatz gesichert.

1214 Der Ort wird erstmals als Stadt bezeichnet.

1240 München kommt in den Besitz der Wittelsbacher.

Kaiser Friedrich I. Barbarossa mit seinen Söhnen König Heinrich VI. und Herzog Friedrich von Schwaben (Welfenchronik 1179–91)

Ansicht von München in der Schedelschen Weltchronik (1493)

1253–1294 Unter Herzog Ludwig dem Strengen wird mit dem Bau einer Burg, dem Alten Hof, begonnen. Am 19. September 1294 werden die Münchner Stadtrechte schriftlich festgelegt.

1294–1347 Unter der Herrschaft Ludwigs des Bayern gedeihen Handel und Gewerbe. Ein zweiter Mauerring wird um die Stadt gezogen, der nach 15-jähriger Bauzeit 1310 fertig ist. Erst zu Beginn des 19. Jh. wird die Stadt schließlich über diesen Ring hinauswachsen. Ein verheerender Brand vernichtet 1327 ein Drittel der innerstädtischen Bausubstanz. Ludwig der Bayer wird 1347 als erster Wittelsbacher in München beigesetzt.

1349 Die Pest wütet in der Stadt.

1407–1460 Immer wieder verwüsten große Brände die Stadt.

1506 München wird Hauptstadt von ganz Bayern.

1550–1579 Fürst Herzog Albrecht V. fördert Wissenschaft und Erziehung. Er gründet die Hofbibliothek, die später in der Staatsbibliothek aufgeht, und lässt für seine Antikensammlung das Antiquarium bauen.

1623–1651 Während seiner Regentschaft als Kurfürst spielt Maximilian I. als Führer der katholischen Liga neben den Habsburgern eine dominante Rolle im Dreißigjährigen Krieg. 1632 wird München kurzfristig vom Schwedenkönig Gustav Adolf besetzt. Nach Beendigung der kriegerischen Auseinandersetzungen bricht erneut die Pest

Das berühmte Glockenspiel im Turm des Neuen Rathauses zeigt unten den Schäfflertanz und oben das Hochzeitsfest von Herzog Wilhelm V. mit Renate von Lothringen 1568 auf dem Marienplatz in München

aus. Die Einwohnerzahl geht von 22000 auf 9000 zurück.

1638–1645 Die Stadt erhält einen zeitgemäßen Verteidigungsring.

1651–1679 Kurfürst Ferdinand Maria übernimmt die Regentschaft. Während dieser Zeit des von Italien geprägten Hochbarocks entstehen Bauten wie Schloss Nymphenburg, die Theatinerkirche, Schloss Lustheim und Schloss Schleißheim.

1705–1714 Während des spanischen Erbfolgekriegs wird München von den habsburgisch-österreichischen Truppen besetzt. Am 25. Dezember 1705 erheben sich die bayerischen Bauern gegen die Besatzer. Der Aufstand wird vor den Toren der Stadt blutig niedergeschlagen.

1714 Max Emanuel kehrt aus dem Exil zurück. Unter seiner und der Regentschaft seines Nachfolgers Kurfürst Karl Albrecht (später Kaiser Karl VII.) werden die Schlösser Nymphenburg und Schleißheim vollendet.

1745– Max III. Joseph schließt Frieden mit Österreich
1777 und sichert somit Bayern über drei Jahrzehnte den Frieden.

1777– Unter Kurfürst Karl Theodor werden Bayern
1799 und die Pfalz geeint.

Absolutistisch geprägt: Bayern-könig Ludwig II.

1805 Napoleon erreicht München.

1806 Kurfürst Maximilian IV. wird auf Anordnung Napoleons als Max I. Joseph (1806–25) zum ersten bayerischen König ausgerufen. Bayern muss im Gegenzug ein Waffenbündnis unterschreiben. Das bezahlen 30 000 bayerische Soldaten im Verlauf von Napoleons Russlandfeldzug mit dem Leben. München wird königliche Haupt- und Residenzstadt.

1810 Anlässlich der Hochzeit des Kronprinzen Ludwig I. mit Prinzessin Therese von Sachsen-Hildburghausen findet auf der später nach der Braut benannten Wiese weit draußen vor der Stadt das erste Oktoberfest statt.

1825 Ludwig I. besteigt den Thron. Der König fördert die Künste und die Wissenschaft. Aufgrund seiner exzessiven Bauwut und seiner Beziehung zu Lola Montez kommt der Monarch ins Gerede und muss 1848 schließlich abdanken.

1826 München wird Universitätsstadt.

1846 Nach Berlin und Hamburg werden nun auch in München 100 000 Einwohner gezählt.

1848 Ludwigs Sohn Max II. besteigt den Thron. Dem weltgewandten, umfassend gebildeten Monarchen gelingt es, die bekanntesten Wissenschaftler seiner Zeit an die noch junge Münchner Uni zu holen.

1864 Nach dem überraschenden Tod von Max II. wird sein 18-jähriger Sohn zum König proklamiert. In einer Zeit großer politischer Umwälzungen tritt Ludwig II. mit einer vom Absolutismus geprägten Herrschaftsauffassung an. Als seine

Die Feldherrnhalle: Hier schei-
terte der Putschversuch der
Nationalsozialisten 1923

Vorstellungen immer mehr mit der Realität kollidieren, entzieht er sich der Tagespolitik, flieht in die Berge und frönt seiner Bauwut. Zu seiner größten politischen Niederlage gehört der Sieg Preußens über das vereinigte österreichisch-bayerische Heer. Die Vormacht Preußens unter den Hohenzollern und ihrem Ministerpräsidenten Otto Fürst von Bismarck ist damit besiegelt. Am 13. Juni 1886 kommt Ludwig II. auf bis heute nicht eindeutig geklärte Umstände zu Tode.

1886 Prinzregent Luitpold übernimmt die Regierungsgeschäfte.

1911 Die Künstlergruppe »Der Blaue Reiter« und zahlreiche Literaten fassen in München Fuß. Schwabing wird zum Mekka eines unkonventionellen Künstlerlebens.

1914–1918 Während des Ersten Weltkriegs regiert Ludwig III., der das Land fluchtartig verlassen muss, als Kurt Eisner 1918 zum ersten bayerischen Ministerpräsidenten gewählt wird. Am 8. November 1918 wird der Freistaat Bayern ausgerufen, die Herrschaft der Wittelsbacher ist beendet.

1919 Eisner wird ermordet. Die Räterepublik wird ausgerufen.

1923 Der Putschversuch der Nationalsozialisten vor der Feldherrnhalle scheitert.

1925 Der Grundstein für das Deutsche Museum mit seiner bis heute weltweit größten naturwissenschaftlichen Sammlung wird gelegt.

1933–1945 Die Wahl am 5. März bringt der NSDAP die erhoffte Mehrheit. München wird die »Hauptstadt der Bewegung«.

1945 Die während des Zweiten Weltkriegs zu 70 Prozent zerstörte Stadt wird von den US-Amerikanern eingenommen.

1946 Die Verfassung des Freistaats Bayern tritt in Kraft.

1957 München hat eine Million Einwohner.

1971 Die erste U-Bahn-Linie wird eingeweiht.

1972 Die XX. Olympischen Sommerspiele, die von dem Attentat auf die israelischen Sportler überschattet werden, finden in München statt.

1992 Eröffnung des Flughafens »Franz Josef Strauß«.

1998 Eröffnung des neuen Messegeländes auf dem Areal des ehemaligen Flughafens Riem.

2002 Eröffnung der Pinakothek der Moderne.

2004 Die sogenannte Hochhausdebatte wird per Bürgerentscheid entschieden: Innerhalb des Mittleren Rings darf kein Hochhaus die 100-Meter-Marke überschreiten.

2006 Am 9. Juni wird in der Allianz Arena die Fußballweltmeisterschaft angepfiffen.

2008 Die Stadt feiert ihren 850. Geburtstag.

2009 Das Museum Brandhorst wird eingeweiht.

2010 Im April 2010 beschließt der Landtag den Bau eines zweiten S-Bahn-Tunnels unterhalb der Innenstadt. Damit soll sich u. a. die Fahrzeit zum Flughafen erheblich verkürzen. Finanzierungsprobleme rücken den Baubeginn in die Ferne.

2015 Am 30. April, dem 70. Jahrestag der Befreiung Münchens durch die Amerikaner, wird beim Königsplatz, dort wo bis 1947 das Braune Haus (Parteizentrale der NSDAP) stand, das NS-Dokumentationszentrum eingeweiht.

2016 Auf der Linie 100 (Museumslinie) wird mit zwei E-Bussen der erste vollelektrische Probebetrieb aufgenommen.

2018 Markus Söder löst Horst Seehofer als bayerischer Ministerpräsident ab.

2019 Bayern München wird zum 19. Mal DFB-Pokalsieger und nach dem Gewinn des 29. Meistertitels auch Gewinner des Double. ■

Seit 2015 informiert das NS-Dokumentationszentrum über die Rolle der Stadt während des Dritten Reichs

München in Zahlen und Fakten

Alter: Stadtrechte seit 1158
Durchschnittliche Höhe: 519 m über NN
Gesamtfläche: 31,071 ha
Innenstadtgebiet: Länge 13,7 km
Ausdehnung der Stadtgrenze: N-S-Richtung 20,7 km, O-W-Richtung 26,9 km
Einwohner: 1,5 Mio.
Hochschulen: 112 000 Studenten (Ludwig-Maximilian-Universität: 52 325 Studenten, Technische Universität: 41 000 Studenten, Staatliche Hochschulen: 18 240 Studenten)
Tourismus: rund 400 Beherbergungsbetriebe mit 17,1 Mio. Übernachtungen im Jahr, davon über 50 % Gäste aus dem Ausland
Kultur: 49 Theater, 7 öffentliche Orchester, 46 Museen
Wirtschaft: Die Metropolregion erwirtschaftete mit 2,7 Mio. Beschäftigten einen Bruttoumsatz von rund 308 Mrd. € (Stand Dez. 2018).

Anreise

Mit der Bahn

Der Münchner Hauptbahnhof ➡ K5, ein Kopfbahnhof, liegt in der Nähe des Zentrums. Auf kurzen Wegen sind sowohl im Untergeschoss die S-Bahn als auch die beiden U-Bahnhöfe zu erreichen. Die jeweiligen Züge garantieren eine problemlose Verbindung im gesamten Stadtgebiet, in die Vororte sowie ins nähere Umland.
Fundbüro: ☎ 0800-344 22 66 00 (Mo–Fr 7–20, Sa/So/Fei 8–18 Uhr)
Bahnauskunft: ☎ 118 61
Fahrplanauskunft: ☎ 08 00-150 70 90 (kostenfrei)
www.bahn.de

Mit dem Auto

Wer mit dem Auto anreist, wird automatisch auf den gut ausgeschilderten, vierspurigen Ring geleitet und von dort aus ins Zentrum. Die innerstädtischen Parkmöglichkeiten sind rar und streng geregelt. Für die schnelle Besorgung bietet sich die Parkuhr (sehr kurzer Takt) an. Für einen ausgedehnten Stadtbummel empfehlen sich diverse Parkhäuser.

Kostenfreie Parkplätze findet man nur in den Außenbereichen. In vielen innerstädtischen Stadtteilen bekommen nur die Anwohner eine kostenpflichtige Parkerlaubnis. Wer sich dort hinstellt, wird gnadenlos abgeschleppt.

Mit dem Flugzeug

Der Franz-Josef-Strauß-Flughafen liegt rund 40 km nördlich des Zentrums. Von hier verkehren im 10-Minuten-Takt die **S-Bahn-Linien** 1 und 8 u. a. zum Hauptbahnhof (ca. 35 Min.), Marienplatz und Karlsplatz (Stachus). Ticket-Alternativen: Tageskarte (€ 13), Gruppenkarte für bis zu 5 Personen (€ 24,30), Streifenkarte (€ 14, 8 Streifen für die Fahrt entwerten).

Ideal für eine kühle Erfrischung im Sommer: Baden in der Isar vor der Reichenbachbrücke und den Kirchtürmen von St. Maximillian

Der **Flughafenbus** verbindet die Terminals mit dem Hauptbahnhof Nord (www.airportbus-muenchen.de, alle 15 Min., ca. 50 Min. Fahrt, Ticket € 10,50, online günstiger). Weitere Haltestelle auf der Strecke: Nordfriedhof (25 Min. zum Flughafen), zu erreichen mit der U6.

Das **Taxi** vom Flughafen in die Innenstadt kostet rund € 80.

Flughafen München

Information: ✆ (089) 975 00

www.munich-airport.de

Airport-Tour/Besucherservice: ✆ (089) 97 54 13 33

Fundbüro: ✆ (089) 97 52 14 70

Gepäckaufbewahrung: ✆ (089) 97 52 14 75

Taxizentrale am Flughafen: ✆ (089) 97 58 50 50

Auf dem belebten Marienplatz, dem Zentrum der bayerischen Landeshauptstadt, finden Besucher auch eine Tourist Information

Auskunft

München Tourismus
℡ (089) 23 39 65 55
www.muenchen.de
Mo–Fr 9–17 Uhr

Tourist Information
 – Am Hauptbahnhof ➡ K5
Bahnhofsplatz 2
Mo–Sa 9–20, So/Fei 10–14 Uhr
 – Marienplatz 8
Eingang Rathaus ➡ L8
℡ (089) 23 39 65 00
Mo–Fr 9.30–19.30, Sa 9–16, So/Fei 10–14 Uhr
 – Im Alten Hof/Kaiserburg
Alter Hof 1 ➡ L8
℡ (089) 21 01 40 50
www.infopoint-museen-bayern.de
Tägl. außer So 10–18 Uhr

Der Ort selbst ist schon eine Sehenswürdigkeit. Beim Umbau des Alten Hofs, des ältesten Herrschaftssitzes der Wittelsbacher in München, wurde der Infopoint des Museums- und Schlösserlandes Bayern eröffnet. Im unterirdischen, spätgotischen Gewölbesaal bietet die Multimedia-Präsentation Einblicke in das Leben Kaiser Ludwigs des Bayern und seiner Zeit.

Fasching auf dem Viktualienmarkt

Feste, Veranstaltungen, Messen

Feste, Veranstaltungen:

Januar/Februar
Fasching – Während der Faschingszeit gibt es einerseits die großen öffentlichen Schwarz-Weiß-Bälle (festliche Abendgarderobe ist Pflicht) und die Kostümbälle, die nicht selten unter einem Motto stehen. Die Hauptattraktion am Faschingsdienstag und zugleich Abschlussveranstaltung der närrischen Zeit ist der berühmte ausgelassene Tanz der Marktfrauen auf dem Viktualienmarkt.

Während der Fastenzeit wird im unmittelbaren Anschluss an den Fasching das nahrhafte und hoch-

prozentige Starkbier (Thriumphator oder Salvator) ausgeschenkt. Weit über die Grenzen Münchens ist in diesem Zusammenhang das »Paulaner-Wirtshaus« auf dem Nockherberg zu einem Begriff geworden. Bundesweit wird anlässlich des Starkbieranstichs das politische Kabarett nebst Singspiel »Politiker derblecken« im Fernsehen übertragen. Während dieser Veranstaltung werden den im Publikum zahlreich vertretenen Bundes- und Landespolitikern meist sehr unverblümt die Leviten gelesen (www.nockherberg.com).

März/April

Krimifestival – National sowie international bekannte Krimiautoren stellen ihre neuesten Werke vor – teilweise finden Lesungen an originellen »Tatorten« statt (www.krimifestival-muenchen.de).

Ein Magnet für Gäste aus der ganzen Welt ist alljährlich das Oktoberfest

April
Frühlingsfest – eine Art Mini-Oktoberfest auf der There-sienwiese. Schön ist der Trödelmarkt am Eröffnungstag.

Mai
Auer Dult – Dreimal im Jahr findet auf dem Mariahilf-platz eine Mischung aus Jahrmarkt, Trödel- und Ge-schirrmakt statt (Mai-Dult, im Juli/August Jacobi-Dult, im Oktober Kirchweih-Dult, www.auerdult.de).
Dokumentarfilm-Festival – In ausgesuchten Kinos werden nationale und internationale Produktionen gezeigt (www.dokfest-muenchen.de).

Juni/Juli
Tollwood-Sommerfestival – Das alternative Kulturfes-tival lockt mit Zirkus, Konzerten und Theaterveranstal-

Zünftiger Biertrinker

tungen sowie viel Kunsthandwerk, aber auch einigen Biergärten und internationalen Open-Air-Lokalen seine bunt gemischte Fan-Gemeinde an (www.tollwood.de).
Stadtgründungsfest – Jedes Jahr feiert München rund um den Odeonsplatz seine Stadtgründung (www.muenchen.de/tourismus).

Juli
Magdalenenfest – Mit Buden und einigen Karussells erfreut sich das Fest im Hirschgarten vor allem bei Kindern großer Beliebtheit.
Christopher Street Day – Parade der schwul-lesbischen Community (www.csd-muenchen.de).
Klassik am Odeonsplatz – Vor der Feldherrnhalle auf dem Odeonsplatz spielen die Münchner Philharmoniker oder das Bayerische Rundfunkorchester im Rahmen des Festivals. Als Solisten treten weltberühmte Stars auf (www.klassik-am-odeonsplatz.de).
Münchner Opernfestspiele – im Juli und August, mit täglich wechselndem Programm (www.muenchner-opern-festspiele.de).

August
Sommerfest im Olympiapark – Einen Monat lang kostenlos Rock, Pop und Folk auf der Open-Air-Bühne des Theatron im Schatten des Stadion-Zeltdachs direkt am See (www.theatron.de).

September/Oktober
Oktoberfest – Das größte Volksfest der Welt findet alljährlich ab Mitte September zwei Wochen lang auf der Theresienwiese statt (www.oktoberfest.de).

November
Münchner Eiszauber – Ende des Monats verwandelt sich der Karlsplatz in eine Eisfläche, auf der das zahlende Publikum seine Runden drehen kann.

Dezember
Christkindlmarkt – Allmählich schmückt sich fast jeder Stadtteil der Landeshauptstadt mit seinem eigenen, oft eher kleinen Weihnachtsmarkt. Der größte Markt im Innenstadtbereich mit einem riesigen Tannenbaum vor dem Rathaus und den vielen geschmückten Buden lockt

CHRISTKINDLMARKT

München, Bayern

Der Münchner Christkindlmarkt, einer der größten, ältesten und schönsten Märkte Deutschlands, ist nur vergleichbar mit dem malerischen Nürnberger Weihnachtsmarkt. Auf dem Christkindlmarkt auf dem Münchner Marienplatz findet man handgemachten Schmuck und Krippenfiguren, Kerzen, Holzspielzeug und traditionelle Weihnachtsartikel wie z. B. die Weihnachtspyramiden. Hunderte von girlandenbeleuchteten Hütten stehen verteilt auf dem Marienplatz, dem zentralen Platz der Münchner Altstadt, in ihrer Mitte ein gigantischer Weihnachtsbaum.

Behängt mit Lichterketten, die eine bayerische Ortschaft gespendet hat, steht er stolz vor dem Rathaus. Das neogotische Rathausgebäude besitzt ein Glockenspiel mit 43 Glocken, dessen regelmäßige Konzerte, von tanzenden Figuren begleitet, die weihnachtliche Stimmung noch unterstreichen. Auch bei großer Kälte wird hier jedem warm ums Herz.

INFO: In der Münchner Altstadt gelegen. **INFO MÜNCHNER CHRISTKINDLMARKT:** Marienplatz, 80331 München, www.muenchen. de. **REISEZEIT:** Ende Nov. bis 24. Dez.

Der Christkindlmarkt vor der Kulisse des neugotischen Rathauses auf dem Marienplatz in München.

Bummel über den Viktualienmarkt

Tausende. Weitere sehenswerte Christkindlmärkte (vgl. auch S. 64 f.) gibt es an der Münchner Freiheit in Schwabing, rund um den Chinesischen Turm im Englischen Garten und am Weißenburger Platz in Haidhausen.

Tollwood-Winterfestival – Ab dem 1. Advent lockt auf der Theresienwiese dieses alternative Festival mit Kultur und vielen Buden mit Kunsthandwerk und internationalen Gerichten im Dunst von Glühwein. Auch Silvester-Programm (www.tollwood.de).

Messen

Der Ruf der Stadt als nationales und internationales Messezentrum ist bekannt. Alljährlich präsentieren sich die Ausstellungen mit einem großartigen, ständig wechselnden Programm. Zu den hier aufgelisteten kommen natürlich noch viele weitere hinzu.

ICM – Internationales Congress Center München
➡ aD6
Messegelände, U2: Messestadt West und Ost
www.messe-muenchen.de
Alljährlich finden auf dem ehemaligen Flughafengelände in Riem eine Reihe international renommierter Fachmessen statt.

M.O.C. Veranstaltungscenter ➡ aB5
Lilienthalallee 40, U6: Kieferngarten
www.moc-muenchen.de
Zweiter Messestandort Münchens.

Azubi- und Studientage München
www.azubitage.de
Infos über Ausbildungsberufe und Studiengänge aller Branchen.

creativmesse
www.creativmesse.de
Trendy und inspirierend: die beste Messe für alle, die gern basteln und kreativ sind.

Forum Vini
www.forum-vini.de
Internationale Wein- und Delikatessenmesse für Verkostung, Order und Direktverkauf. Über 300 Aussteller.

Garten München
www.garten-muenchen.de
Bayerns größte Indoor-Gartenmesse, jedes Frühjahr.

German Comic Con
www.germancomiccon.com
Comics, Spiele, Serien: eine Messe für Sammler. Mit vielen Shows und Workshops.

Internationale Briefmarken-Börse
www.briefmarken-messe.de
Treffpunkt der Fachhändler aus dem In- und Ausland. Unter anderem mit Vorträgen und Diskussionsrunden.

Internationale Handwerksmesse
www.ihm.de
Die neuesten Trends aus Außenausbau & Gartentechnik, Bauen & Modernisieren, Wohnen & Arbeiten, Küche, Werkzeug & Technik, Kunsthandwerk.

Hinweise für Menschen mit Handicap

Viele praktische Tipps finden sich auf der Website: www.muenchen-tourismus-barrierefrei.de. Die Hinweise sind unter verschiedenen Rubriken geordnet. Münchner Hotels, Jugendherbergen, Campingplätze und Gaststätten, aber auch Biergärten wurden speziellen Tests unterzogen. Außerdem ist das Portal auch bei Facebook vertreten. Die praktischen Tipps der Facebook-User sind die perfekte Ergänzung zum offiziellen Teil.

Standort zahlreicher Fachmessen: Internationales Congress Center München

Internet

www.muenchen.de – Offizielles Stadtportal. Übersichtliche, detaillierte und aktuelle Informationen zu Veranstaltungen, Freizeit, Restaurants, Shopping und Hotels.
www.in-muenchen.de – die besten Veranstaltungs- und Gastrotipps. Münchens umfangreichstes Info-Portal.
www.munich-touristinfo.de – Wer aktuelle Vorschläge zu Touren in die Umgebung sucht, dürfte auf dieser Seite unter den Stichworten Tages- oder Sonderausflüge fündig werden. Auch andere nützliche Stichworte.

Notfälle, wichtige Rufnummern

Polizei ℰ 110
Feuerwehr, Notarzt ℰ 112
Ärztlicher Bereitschaftsdienst ℰ 116 117
Apotheker-Notdienst ℰ 08 00-002 28 33
ℰ 228 33 (Kurzwahl Handy)
Bereitschaftspraxis Elisenhof ➡ K6
Elisenstr. 3, 4. Stock
(gegenüber vom Hauptbahnhof)
ℰ (089) 55 17 71
Mo/Di, Do 19–23, Mi, Fr 14–23, Sa/So/Fei 8–23 Uhr
Zahnärztlicher Notdienst
ℰ (089) 723 30 93, 723 30 94
Taxi
Isarfunk Taxizentrale ℰ (089) 45 05 40
Taxizentrale München ℰ (089) 194 10, 216 10
Fundbüro
Oetztaler Str. 19
ℰ (089) 23 39 60 45
Mo, Mi und Fr 7.30–12, Di 8.30–12 und 14–18, Do 8.30–15 Uhr

Presse

Weit über die Grenzen der bayerischen Metropole bekannt ist die *Süddeutsche Zeitung* (SZ), eine der führenden Tageszeitungen Deutschlands. Der *Münchner Merkur* ist die Lokalzeitung, die vor allem auf dem Land Abonnenten hat. Daneben gibt es die Boulevardzeitungen *Abendzeitung* (AZ), *Tageszeitung* (tz) und *Bild* (Münchner Ausgabe).

Das offizielle *Monatsprogramm der Stadt München* ist eine schmale, gelbe Broschüre, die es am Zeitungskiosk und so gut wie in jeder Buchhandlung zu kaufen gibt.

Die kostenlose Zeitschrift *IN* liegt in vielen Kneipen und Lokalen aus. Sie erscheint alle zwei Wochen und bietet eine Übersicht über kulturelle Ereignisse und gibt Hinweise auf Lokale und Veranstaltungen.

Die Zeitschrift *Prinz* (www.prinz.de/muenchen/events) bietet monatlich ausführliche Berichte und Interviews zur Szene der bayerischen Metropole.

Gehören zum Stadtbild: die Zeitungskioske

Sightseeing, Touren

Mit dem Bus auf Sightseeing-Tour

Münchner Stadtschreier
℘ (089) 46 22 47 88 (Mi–Sa 10–15 Uhr)
www.muenchner-stadtschreier.de
Stadtspaziergänge (1,5–2 Std.), die man bestimmt nicht
vergisst, etwa »München kriminell«, »Mit dem Henker
zum letzten Gang« oder » Münchner G'schichtln und
Legenden«.

Weis(s)er Stadtvogel München
℘ (089) 203 24 53 60
www.stadtvogel.de
Thementouren wie »Mit dem Nachwächter unterwegs«
(tägl. 21 Uhr), »Henker, Huren, Hexen mit Schauspiel«
(Fr 22 Uhr), Stadtführungen mit dem Leihrad (Sa 11
Uhr), Altstadtführung (tägl. 10.30, 13 und 15 Uhr). Unbedingt reservieren!

Stadttour München
www.stadttour-muenchen.de
Die schönsten Stadttouren mit außergewöhnlichen
Geschichten, erzählt mit viel Herz.

City Segway Tours
Karlsplatz 4
℘ (089) 23 88 87 98
www.citysegwaytours.com/munich

Treffpunkt ist der Laden im Innenhof, 50 m vom Karlsplatz entfernt und nur durch eine kleine Passage zu erreichen. Für die zweistündige Tour durch die Innenstadt muss man sich rechtzeitig anmelden. Gefahren wird in der warmen Jahreszeit bei fast jedem Wetter.

Stattreisen München e.V.
✆ (089) 54 40 42 30
www.stattreisen-muenchen.de
Abgestimmt auf die persönlichen Wünsche der Besucher werden Touren zu Geschichte, Alltagsleben und Kultur angeboten. Man sollte sich vor der Buchung mit dem umfangreichen Programm auseinandersetzen.

Rikscha-Mobil
✆ (089) 24 21 68 80
www.pedalhelden.de

Der Rikscha-Fahrer wartet am Marienplatz auf Kunden

Im Sommer stehen die Fahrrad-Rikschas am Marienplatz bereit.

Radius Tours & Bikes
☏ (089) 54 34 87 77 40
www.radiustours.com
Es werden Radtouren in verschiedenen Sprachen angeboten. Wer München auf eigene Faust mit dem Fahrrad
erkunden will, kann sich eines am Bahnhof mieten:
Radverleih beim Gleis 32, Mitte
April–Mitte Okt. tägl. 8.30–18 Uhr

MVV-Radlführer
www.mvv-muenchen.de/rad
Der MVV (Münchner Verkehrs- und Tarifverbund) und
der ADFC (Allgemeiner Deutscher Fahrrad-Club) haben
einen kostenlosen Fahrradführer mit 25 Touren rund
um München inklusive GPS-Daten zum Download ins
Netz gestellt. Mit detaillierten Wegbeschreibungen,
Empfehlungen von Gaststätten, Sehenswürdigkeiten, Angaben zu Kindertauglichkeit, Fahrplänen der
MVV-Bahnhöfe.

*Auch bei Fahrten mit der
Tram lässt sich die Stadt gut
erkunden*

MünchenTram
☏ 018 03-44 22 66
www.mvg-mobil.de/muenchentram
Münchner G'schichten in einer historischen Straßen-
bahn. Rundfahrten Pfingsten–Ende Sept., Start Sa/So/
Fei 11, 12, 13 und 14 Uhr am Sendlinger Tor

Turmbesteigungen
Vgl. S. 169

Sprachhilfen für das Bayerische

Des is mia wurscht.	– Das ist mir egal.
Ja, do legst di nieda!	– Donnerwetter! Ausdruck der größten Anerken- nung
Aff, Depp, Hirsch	– Ungewöhnliche Art, jemandem gegenüber Zuneigung auszudrü- cken

Saupreiß	– Abfälliger Ausdruck für alle Nicht-bayern
Bussl	– Kuss
Gschbusi	– Freundin
Gaudi	– Spaß, Vergnügen
Grias di!	– Hallo! Guten Tag!
De hod Hoiz vor da Hüttn	– Große Oberweite
Schleich di!	– Verschwinde!
Host mi?	– Hast Du mich verstanden?
Ja mei	– Ausdruck der Zustimmung
Kon scho sei.	– Ist schon möglich.
So is a wieda ned.	– So kann man das nicht sagen. Ausdruck des Zweifels
A bissl wos geht imma.	– Ein bisschen ist immer möglich.
Schau mer moi.	– Warten wir es mal ab.
Schmarrn	– Unsinn
Des woas i a ned.	– Keine Ahnung.
Nacha pack 'mas.	– Lass uns gehen.
Aba heid nimma.	– Heute auf keinen Fall mehr.
Ja, spinn i denn.	– Ausdruck der Bewunderung: absolute Zustimmung.

Verkehrsmittel

Münchner Verkehrsgesellschaft (MVG)
℡ 08 00–344 22 66 00
www.mvg.de
Kundencenter im Untergeschoss am Hauptbahnhof und am Marienplatz, Mo–Fr 8–20, Sa 9–16 Uhr
Infopoints: Diese Schalter befinden sich im jeweiligen Zwischengeschoss der U- bzw. S-Bahnstation: Karlsplatz (Stachus), Münchner Freiheit, Odeonsplatz, Olympiazentrum und Sendlinger Tor
Für die Benutzung von Bus, Tram, U- und S-Bahnen gibt es je nach Aufenthaltsdauer die unterschiedlichsten Angebote. Es gibt Einzel-, Streifen- oder Tageskarten, aber auch IsarCard60 oder IsarCard9Uhr für Vielfahrer.

Die Einzelfahrkarte kostet für die Kurzstrecke (bis zu 4 Haltestellen) € 1,50. Für mehrere Fahrten und Personen kann sich die 10er-Streifenkarte für € 14 rechnen. Tageskarten sind für beliebig viele Fahrten innerhalb eines Tages geeignet und gelten bis sechs Uhr morgens des Folgetages. Sie sind als Single-Tageskarte oder als Gruppen-Tageskarte für bis zu fünf Personen erhältlich. Einige Preisbeispiele:
– Tageskarten Innenraum (weiße Zone): Single € 6,70, Gruppe (2–5 Personen) € 12,80
– Tageskarten Gesamtnetz: Single € 13, Gruppe € 24,30
– Kinder-Tageskarte (6–14 J.) Gesamtnetz € 3,20

MVG More
Über die App lassen sich nicht nur Fahrpläne und Infos aufrufen sowie Fahrscheine lösen, sie ist auch der Schlüssel zum **Radverleih-** und **Carsharing-Angebot** der MVG.

Nach einer einmaligen Registrierung in der App ist man so in ganz München spontan und flexibel unterwegs. Nähere Infos auch unter:
www.mvg.de/services/mobile-services/mvg-rad.html
www.mvg.de/services/mobile-services/carsharing.html ■

Der öffentliche Nahverkehr ist in München bestens ausgebaut

„**Nur kurz auf 'nen Kaffee mit Julia**"

hat sie gesagt.

RIEM ARCADEN

Die **fetten** Seitenzahlen verweisen auf ausführliche Erwähnungen *kursiv* gesetzte Begriffe bzw. Seitenzahlen beziehen sich auf den Service.

BAYERISCHE STAATSOPER

BACKSTAGE-FÜHRUNGEN

Tauchen Sie ein in die Welt von Oper, Ballett und Musik! Besuchen Sie das Kraftwerk der Leidenschaft!

In einer rund einstündigen Tour besuchen Sie die Prunksäle des Nationaltheaters sowie den Backstagebereich. Sie erfahren Wissenswertes über die Architektur, prägende Künstlerpersönlichkeiten und alle Vorbereitungen, die erbracht werden müssen, bevor es am Abend heißen kann „Vorhang auf!"

T +49.(0)89.21 85 10 25   backstage@staatsoper.de   www.staatsoper.de

museum mobile

www.facebook.com/audiforumingolstadt

Audi

Forum Ingolstadt

Vielfalt

Erlebniswelt
Automobile
Gastronomie
Führungen

85045 Ingolstadt
Telefon 0800/2834444
www.audi.de/foren

Jazz
Klassik
Kino
Kunst

Adenis/Graff/laif, Köln: S. 42, 31
Allianz Arena/B. Ducke: S. 103
Alte Pinakothek, München: S. 90
Backstage Concerts GmbH, München: S. 149
Bavaria Filmstadt, München: S. 104 u., 167
Bavaria Filmstadt/Bullyversum: S. 105
Bayerische Staatsbrauerei Weihenstephan, Freising: S. 61
Bayerischer Hof Night Club, München: S. 145
Biskup/laif, Köln: S. 129
BMW AG: S. 77 o.
Café Reitschule, München: S. 133 u.
Chiemgau Tourismus e.V., Traunstein: S. 181
Alois Dallmayr KG, München: S. 156
Das Hotel in München: S. 124
Thomas Dashuber: S. 153
deargoods, München: S. 158
Deutsches Museum, München: S. 164 o.
Eiskonditorei Ludwig Sarcletti GmbH & Co KG, München:
    S. 139
Elly Seidl, München: S. 157
FC Bayern München/Allianz Arena: S. 70, 102, 104 o.
Peter von Felbert: S. 137
Fleming's GmbH & Co. KG: S. 122
Fotolia/Alta. C: Schmutztitel (S. 1), S. 20, 144 u.; Andy_Ilm-
    berger: S. 80; ArTo: S. 62; Martina Berg: S. 184; Champa:
    S. 2 Mitte, 22, 38, 41; Thomas Demarczyk: S. 27; Arnd
    Drifte: 18; coloman65: S. 49; franke182: S. 53; gpitfoto:
    S. 58; Nicky Graziosi: S. 164 u.; Ifstewart: S. 48 o.; Stephan
    Karg: S. 8; Jörg Launer: S. 77 u.; LianeM: 191; Mikhail
    Markovskiy: S. 35 u.; Victoria P.: S. 131 u.; Martin Raab:
    S. 30; Oliver Raupach: S. 2 l., 34, 36, 174; Jörg Stumpf:
    S. 23; Igor Toker: S. 143; Alexandre Trajan: S. 116; travel-
    dia: S. 86; Elena Vouptsova-Vasic: S. 48 u.; Manuel Wäch-
    ter: S. 35 o.; ZDM: S. 55
Franz Marc Frei, München: S. 94, 50, 151, 187, 190
Gasteig München GmbH/Johannes Seyerlein: S. 150 u.
Robert Götzfried: S. 150 o.
Hirschau, München: S. 142 o.
Hofbräuhaus, München: S. 3 l., 29
Hofbräukeller am Wiener Platz, München: S. 43
Hotel Bayerischer Hof, München: S. 123
iStockphoto/Anshar 73: S. 17; aprott: S. 74, 113, 186, 185;
    Cristian Baitg: S. 110; Roland Blunck: S. 72; bukki88:
    S. 114 o.; DM Girton: S. 121 o.; FooTToo: S. 6/7, 63, 170;
    gameover2012: S. 3 Mitte, 108/109, 109 o., 192; grego-
    bagel: S. 140; Stephan Hoerold: S. 60; Mario Hornik:
    S. 79; Jorge_Alias: S. 176; Jitchanamont: S. 26; juefrapho-
    to: S. 66; Björn Kindler: S. 15, 54; klug-photo: S. 141;
    Elena Korenbaum: S. 96; Meinzahn: S. 120/121; Holger
    Mette: S. 52; Quanthem: S. 180; Radu Razvan: S. 115;
    Sebastian-Julian: S. 32; Sonsam: S. 56; Manfred Stein-
    bach: S. 24; tichr: S. 2 r., 3 r., 87, 188/189; Flavio Vallena-
    ri: S. 119, 155; Kenneth Wiedemann: S. 135; Martin
    Wimmer: S. 114; Bernd Wittelsbach: S. 9 l. u., 106
IWC Schaffhausen München: S. 159
Jazzclub Unterfahrt, München/Lena Semmelroggen: S. 148
Gerold Jung, Ottobrunn: S. 59
Kuffler, München: S. 142 u.
Lach- und Schiessgesellschaft, München: S. 154
Landeshauptstadt München, Tourismusamt/Bjarne Geiges:
    S. 89 u.
Lodenfrey München am Dom: S. 160
Maelu, München: S. 133 o.

Marais, München: S. 138
Märchenbazar, München/Fabian Christ: S. 64, 65
mauritius/Raimund Kutter: S. 57; westend61: S. 111
Messe München: S. 193
Motel One, München: S. 126
Münchner Kammerspiele/Thomas Aurin: S. 152 u.
Museum Mensch und Natur, München: S. 166
Neue Pinakothek, München: S. 91
Nockherberg, München: S. 144 o.
NOH NEE/Attila Henning: S. 161
NS-Dokumentationszentrum München/Orla Connolly:
    S. 89 o., 183
Park Café München GmbH: S. 132
Pension Carolin, München/Andreas Kotowski: S. 125
Pension Gärtnerplatz, München: S. 128 o.
Pinakothek der Moderne, München: S. 92
Residenztheater/Gerhardt Kellermann: S. 152 o.
Schuhbecks Internet GmbH: S. 130
Schuhmann's GmbH: S. 9 r., 147
Sea Life München: S. 168
Shutterstock/Viktoriia Adamchuk: S. 177; Arkadivna: S. 47;
    Nedim Bajramovic: S. 40; A G Baxter: S. 51 u.; bellena:
    S. 194, 195; Bildagentur Zoonar GmbH: S. 118; Goran
    Bogicevic: S. 19; Carso80: S. 100; clearlens: S. 112; Ange-
    lina Dimitrova: S. 98; footageclips: S. 16; FooTToo: S. 33,
    107, 182, 199; Andrew J Hunt 88: S. 68; Lestertair: S. 93;
    Mikhail Markovskiy: S. 13, 101 u.; mrvirgin: S. 28; Nenad
    Nedomacki: S. 85; Pavel L Photo and Video: S. 9 l. o.;
    peizais: S. 97; Radu Razvan: S. 196; RossHelen: S. 197;
    streetflash: S. 44; trabantos: S. 25, 51 o.; travelism: S. 21;
    Yuri Turkov: S. 117; mona wide: S. 101o.
SMÄK, München/Marianne Franke: S. 76
Smart Stay Hotels: S. 128 u.
Staatliche Antikensammlungen und Glyptothek, Mün-
    chen/Renate Kühling: S. 134
Städtische Galerie im Lenbachhaus, München: S. 83
Städtische Galerie im Lenbachhaus und Kunstbau Mün-
    chen/Florian Holzherr: S. 84
Stand/karl, Köln: S. 172/173
Rupert Steiner Photograph: S. 82
Style Deco, München: S. 163
SWM, München: S. 175 o.; Steffen Leiprecht: S. 171; Mar-
    cus Schlaf: S. 175 u.
Tierpark Hellabrunn, München/Marc Müller: S. 169
Villa Stuck, München: S. 88
Vista Point Verlag (Archiv), Rheinbreitbach: S. 37, 78 o.,
    81, 95, 131 o., 178 o., 178 u., 179
Weiße Rose Stiftung e.V., München/Catherina Hess: S. 78 u.
Wikipedia/Uwe Barghaan: S. 39 o., 39 u.; Alois Sturm: S. 14
Wikipedia (CC BY 2.0)/Steve Collis: S. 99
Christian POGO Zach: S. 45, 46
Zur Schwalbe München/Michael Teuber: S. 136

Titelbild: Museum Brandhorst (Foto: iStockphoto/seewhatmitchsee)
Umschlagrückseite (innen): Schloss Nymphenburg (links/s. S. 51 o.); Biergarten in der Münchner Innenstadt (Mitte/s. S. 135); Luftaufnahme des Olympiaparks (rechts/s. S. 114)
Schmutztitel (S. 1): Bayerische Hefebrezen
Seite 2/3 (v. l. n. r.): Glyptothek am Königsplatz; Städtische Galerie im Lenbachhaus; Museum Brandhorst; Hofbräuhaus; Chinesischer Turm im Englischen Garten; Bierzelt auf dem Oktoberfest
Seite 8/9: Schloss Nymphenburg (S. 8), Hofgarten (S. 9 li. o.), BMW Welt (S. 9 li. u.), Schumann's (S. 9 re.)

Konzeption, Layout und Gestaltung dieser Publikation bilden eine Einheit, die eigens für die Buchreihe der **1000 Places To See Before You Die-City/Regio Guides** entwickelt wurde. Sie unterliegt dem Schutz geistigen Eigentums und darf weder kopiert noch nachgeahmt werden.

Mit Textbeiträgen aus **1000 Places To See Before You Die – Deutschland · Österreich · Schweiz** von Tina Hoffmann, Die Journalisten, Roland Mischke, Detlef Schmalenberg, Horst Schmidt-Brümmer und Patricia Schultz.

Inspired by 1,000 PLACES TO SEE BEFORE YOU DIE SECOND EDITION: A Traveler's Life List
Copyright © 2011 by Patricia Schultz
1,000 Places to See Before You Die is a registered trademark of
Patricia Schultz and Workman Publishing
This »1,000...Before You Die« book is published under license from Workman Publishing Co., Inc.

© 2019 VISTA POINT Verlag GmbH, Rolandsecker Weg 30, D-53619 Rheinbreitbach
Alle Rechte vorbehalten
Reihenkonzeption: Andreas Schulz & VISTA POINT-Team
Aktualisierung: Karl Teuschl
Bildredaktion: Kathrin Fäller
Lektorat: JB Bild|Text|Satz
Layout und Herstellung: Britta Wilken, JB Bild|Text|Satz
Reproduktionen: Henning Rohm, Köln; Noch & Noch, Datteln
Kartographie: Huber Kartographie GmbH, Unterschleißheim
Druckerei: Florjançiç tisk d.o.o., Slowenien

ISBN 978-3-96141-390-4

An unsere Leser!
Die Informationen dieses Buches wurden gewissenhaft recherchiert und von der Verlagsredaktion sorgfältig überprüft. Nichtsdestoweniger sind inhaltliche Fehler nicht immer zu vermeiden. Für diese übernimmt der Verlag keine Haftung. Für Ihre Korrekturen und Ergänzungsvorschläge sind wir dankbar.

VISTA POINT Verlag
Rolandsecker Weg 30 · 53619 Rheinbreitbach
Telefon: +49 (0)2224/7795-0 · Fax: +49 (0)2224/7795-100
info@vistapoint.de · www.vistapoint.de · www.facebook.de/vistapoint

MVG
Ganz einfach mob

Zu Besuch in München? Fragen Sie einen echten Münchner.

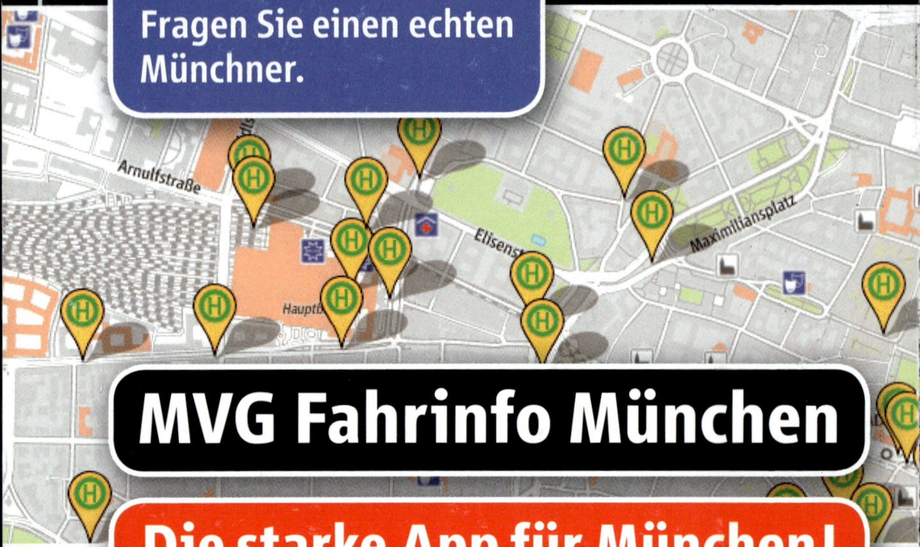

MVG Fahrinfo München

Die starke App für München!

Jetzt einfach gratis downloaden!

- HandyTicket
- Live-Abfahrtszeiten
- Routenplanung
- Standortbestimmung
- Zielfavoriten

mvg.de